1日2時間で月10万円

はじめよう電話占い師

五《ご》十《じゅう》六《ろく》謀《ぼう》星《せい》
もっちぃ

同文舘出版

はじめに

「好きなことで生きていく」という人生の選択は、少し前まで一部の特別な才能の持ち主か、現実を見ない夢追い人の選択肢と考えられていました。しかし近年、働き方改革の影響下で、そうした考え方が変化しようとしています。

副業解禁に伴い、生活の基盤は本業で支えつつ、やりがいのある副業で人生を充実させたいと考える人がずいぶん増えてきました。そんな流れの中で、占い師という仕事が注目を集めはじめています。

タロット占いや占星術、四柱推命など、占いを愛好する人にとってはもちろんのこと、人と話をすることが好きな人、人の役に立つ仕事がしたい人、そして普通ではない仕事がしたい人にとって、占い師という仕事は天職である可能性が高いといえます。占いが当たって驚かれる興奮、そして何より、他人の人生を善導して感謝されるという経験は、人生を充実感あふれるものにしてくれます。

本書では、数ある占いの仕事の中でも特に好調な、電話占いの世界を中心に紹介します。電話占いとは文字通り、電話を通じて占いを提供するサービスのことです。占いを効率的に学ぶ方法や練習の仕方を含めて、本来は秘伝とするべき、占いのプロとして安定的に仕事をするための方法を余すことなく伝えていきたいと思います。

インターネットで「電話占い」と検索すると、たくさんの広告が表示されます。これらの広告はすべて、企業が管理運営する会員制の電話占いサイトのものです。こうしたサイトは大小100以上存在し、大手のサイトでは、数百人の占い師を抱えていることも珍しくありません。お客様の利用料金は1分ごとに単価が定められています。200円から350円ほどが相場で、その一部が占い師の報酬になります。

こうした電話占いの企業は、膨大な広告費をかけた集客から、電話転送システムの整備、そして料金の回収とクレームの処理に至るまで、占い師の代わりに事務方のすべてをやってくれます。そのため占い師は、占いだけに集中することができるのです。

自身も現役の占い師として活動しつつ、多くの新人占い師さんの採用試験にも携わってきた経験を踏まえて、皆様を楽しい電話占いの世界にご案内します。

はじめに

2章　占いマスターへの道──効果的な占いの学び方

3章 電話占いデビューへの道のり

4章

電話占いで売れ続けて生き残る

5章　仕事の幅を広げてスター占い師になる

付録

占例集

カバーデザイン　ホリウチミホ（ニクスインク）
イラスト　アラヤこころ
本文デザイン・DTP　草水美鶴
カバー写真　Nikki Zalewski/Shutterstock.com

1章

電話占いの基礎知識

1 電話占い業界の現状

40代はまだまだ若手！ＡＩに負けない人間力の仕事で末永く働く

占い師になるには、特別な資格も、持って生まれた霊感などの特殊能力も、必ずしも必要というわけではありません。占いの勉強を重ねて、お客様のお話に耳を傾けることができるなら、誰にでも電話占い師として活躍するチャンスはあります。電話占い師として大切な資質は、優しくて頼りがいのある人柄、そしてなにより自分の占いやコミュニケーション力を使って人の役に立ちたいという熱意です。

占い師は他の仕事を経験してからデビューする人がほとんどです。これまでの人生経験の中で得てきた人生哲学や運命に対しての考え方、そして恋愛の経験や結婚について思うことなどをフルに活かして仕事ができる点も、占い師のおもしろいところです。仕事でがんばった経験や読書で学んだ知識はもちろんのこと、仕事でミスをした経験や失恋の痛みさえも、占いというツールを通じて誰かの人生に役立てることがで

電話占い師という職業

職歴
年齢
持って生まれた
能力
すべて不問！
学歴
資格

人を元気づけて
誰かのためになりたいと願う人、大歓迎！

やりがいのある仕事に就いて充実した人生を送りたい
すべての人に門戸が開かれています。

きます。

占い業界では、40代はまだまだ若手に分類されます。他の業種では転職をするにしても35歳くらいがギリギリラインと考えられていますが、占いの世界においての35歳はスタートラインの年齢です。定年退職後のセカンドキャリアにする選択肢も十分にあり得るくらいです。

もちろん、人生経験や勉強を重ねていれば、若すぎるという理由だけで不利になることはないでしょう。必要なのは、特別な経験ではなく、人間力です。普段の人生で、恋愛や仕事、結婚などの生活のことについて考えを巡らせて、自分の意見を持っていることが大切なのです。

✦占いとAI

近年は、あらゆる分野で人工知能が人間の仕事を脅かすのではなかろうかと考えられる時代です。すでに若い人たちの間では、職業選択に際して、将来的にＡＩが中心になる可能性のある分野を避ける傾向があるようです。

占いの世界も、人工知能やその他のコンピュータ技術の発展と無縁ではありません。むしろコンピュータによって自動化された占いは、ＡＩと呼ぶほど高度なものではないにしろ、かなり昔から実用化されています。

しかし、この先どんなにＡＩが進化したとしても、占いという世界においては人間のプロの存在が脅かされることはないでしょう。

占いは、常に科学技術とは別の側面で人々の役に立つ道を歩んできました。たとえば、西洋医学が高度に進化して、医療現場から神頼みが消え去った今日であっても、その医学による治療がうまくいくかどうかを占いに尋ねたくなるという需要が存在しています。科学が統計的な確率で冷静に事象を判断するのに対して、占いは常に人に寄り添って感情を込めた答えを出すことができる技術です。

仮に99％の的中率を誇る占いのＡＩが開発されたとしても、残りの1％にまで神経

占い師の仕事は人間にしかできない

- 人間と話す安心感
- パターン化できない
- ＡＩにはない神秘性
- 人間性の魅力

を使ってくれる人間の占い師を求める需要は消えることがないでしょう。

　ＡＩに奪われやすいとされる仕事の特徴と比較しても、占い師という仕事は安全性が高いと考えられます。高度なコミュニケーション力が必要で、誰にでも通用する一般化されたやり方がないという点において、占いという仕事はＡＩに代替されにくい特徴を備えているといえるのです。

　悩みに苦しんでいる人に対しては、人間の占い師が真剣に対面してくれることによる安心感も意味があります。誰かに話を聞いてもらって安心するという感覚は、決してコンピュータが代わりに提供できるものではありません。

1 電話占い業界の現状

仕事の自由度ナンバーワン！電話占い師は在宅ワークの個人事業主

✦占い師は個人事業主

電話占いサイトを運営する会社と占い師との関係は、社員やアルバイトなどといった雇用契約によるものではありません。占い師一人ひとりが個人事業主として、いわゆる業務委託契約と呼ばれる対等なパートナーシップを結びます。

報酬は固定ではなく、業務が生じた分のみが支払われます。仕事がなければ報酬もないという厳しい世界ではありますが、その分ノルマや拘束時間などもなく、自由に仕事をすることができるという強みがあります。

支払われる報酬は給与ではなく、れっきとした事業所得です。3月には確定申告をする必要があり、その際には普通のサラリーマン以上に幅の広い節税対策が可能です。

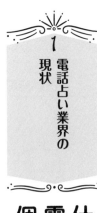

個人事業主と一般的な雇用の違い

	一般的な雇用	個人事業主
勤務時間・休日設定	会社の指示に従う	自分で組み立てる
報酬	ほぼ決まった給与	努力次第の事業所得
節税の有無	給与所得控除	経費を計上して節税
収入保障	最低保証あり	一切保証なし

自由に活動できる在宅ワーク

電話占い師の多くは自宅で仕事をしています。サイトに所属するためのオーディションも電話で行なわれるので、契約書を送付するために郵便局に出向く以外は、すべて在宅で仕事が完結します。出勤に時間をとられることもありませんし、化粧やファッションに気を遣う必要もありません。

お客様との人間関係は必要ではありますが、職場内の人間関係は一切ありませんし、勤務時間も365日24時間自由に設定可能で、あらゆるライフスタイルにフィットさせることができます。

そんな自由な働き方が、電話占い師になる最大のメリットといえるでしょう。

1

電話占い業界の現状

なぜ電話占いか？占い他業種や他の在宅ビジネスとはココが違う

　電話占いは、さまざまな占い形態の中でも特にお客様からの需要が高く、占い師にとって働きやすいビジネスモデルであるといえます。通信技術の変化に合わせて形は多少変わっていくかもしれませんが、この先も音声のみによる占いがなくなることはないでしょう。

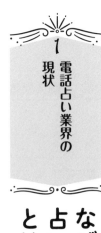

✦在宅ビジネスならではの利点

　なんといっても、自宅で最高にリラックスできる環境を作って仕事をすることができるのは、在宅ビジネスの最大の魅力です。通勤という手間から解放されて自由な時間を増やし、まわりに気を遣わずに自分のペースで仕事ができるのはとてつもなく大きなメリットといえましょう。お客様がいないときには家事もできますし、勉強をし

自宅で自分のペースで働ける

ても、他の仕事をしてもいいのです。

自宅にオフィスがあるのは落ち着かないと考える方もいらっしゃるかもしれませんが、電話占いの仕事に必要なものは机と椅子と電話だけです。日常生活を邪魔する要素は何もありませんし、場所もとりません。

✦占い他業種との違い

占い師は人類の仕事の中で二番目に古い仕事であるといわれることもあります。その最初の形はいうまでもなく、対面式で直接占う方法です。この対面占いは現在でもポピュラーでベーシックな業態です。電話占いでいうところのサイトに相当する「占い館」は全国に無数にあります。これが占い師という仕事の基本形です。雰囲気作りや自分のルックスに自信があるなら、それを最も活かせるのは対面式かもしれません。また、業界内の人脈作りや、手相や人相の勉強には対面の占い館に所属することが最善手です。

とはいえ近年の対面鑑定は、集客に苦労しがちです。新人の占い師が対面式で生計を立てていくのは、相当に難しいことです。対面鑑定の店舗が続々と電話占いに進出していることがそれを物語っています。お客様が来なければ、せっかく学んだ占いの技術を活かすことができませんし、実占の中で技を磨くこともできません。

その他に、電話占いと似た概念で、「チャット占い」と呼ばれるものがあります。これは、オンラインの筆談のような形で、リアルタイムに文章を送り合って占いを進める方式です。在宅で仕事ができるという点については電話占いと同等のメリットを得ることができますし、それなりに集客も期待できる分野です。会話をするのが苦手な人には向いているかもしれません。しかし、報酬の単価が相対的に低めであること、そして文字の入力が意外と大変であることなどが、この仕事のデメリットです。

他にも少数派ながら、手紙やメールでやりとりをする占いや、テレビ電話を使った占いもありますが、需要が少なく本格的にそれをメインにするのは大変です。

業界内の比較表

	電話	対面	チャット
集客力	十分に高い	厳しい	そこそこ高い
働く環境	自由にできる	立地と店次第	自由にできる
報酬額	上がりやすい	ほとんど一定	相対的に低い
安定性	相対的に高い	売れれば安定	相対的に高い

✦他の在宅ビジネスとの比較

他の在宅ビジネスと比較しても、電話占いの仕事には優れている点があります。

ひとつは、お客様がついたときに、高単価の報酬が時間単位で必ず発生する点です。ライターの仕事は、筆が進まなければ長時間机に向かっても報酬になりませんし、アフィリエイトに至っては、アクセスがなければどれだけ書いても収入なしです。

また、電話占いは個人事業主ですが、所属先の運営会社が、売上上昇のために一緒にがんばってくれます。報酬の最低保証こそありませんが、自営でありながら会社勤めのメリットが一部残っているような安定感があるのも魅力といえます。

1

電話占い業界の現状

電話占い師になるには？参入準備とデビューへの道程

占い師になるために、特別な資格などは必要ありません。名乗ったその日から誰もが占い師です。そうはいっても、名乗っただけでお客さんが来ることはありませんし、収益につながらなければ仕事として成立しません。

今日の占い業界の状況からして、新人の占い師が自分でサイトを立ち上げて集客をするのは至難の業です。本書では、集客の安定性や仕事の安全性、料金回収の確実性などの理由から、数百ある電話占いサイトのいずれかの所属占い師になることを、電話占い師としてのデビューと考えて紹介していきます。

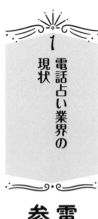

✦占いの勉強をする

ピアニストになるのに資格は不要ですが、ピアノに触ったこともない人がプロには

デビューまでのプロセス

占いを学ぶ ▶ 所属したいサイトを選ぶ ▶ オーディションを突破する ▶ デビュー

なれないのと同様に、占い師になるためには占いの勉強をする必要があります。高度に専門的な学識を求められるわけではありませんが、一般的な占いや精神世界に関する基礎教養は必要不可欠です。本書の2章では、占いの基礎力の作り方について詳しく説明します。

✦占いのオーディションに受かる

既存の電話占いサイトに所属するには、そのサイトの開催するオーディションに合格する必要があります。3章では、某大手電話占いの会社でオーディションの実技試験官を務めていた筆者の目線でオーディション突破の秘訣を解説します。

1 電話占い業界の現状

電話占いの具体的なフローと基本システムの紹介

占い業界では、お客様を占うことを「鑑定」といいます。そして、いつでも鑑定ができる状態にして待っていることを「待機」と呼びます。

電話占いの場合は、お客様がサイトを見て、待機中の占い師の中から気に入った占い師を選び、サイトのシステムを通して鑑定を依頼する仕組みです。この際、お客様のかけた電話は、専用の転送サービスを使って占い師に転送されます。このシステムで通話分数を自動的に記録し、電話番号は相互にわからないようになっています。

報酬が発生するのは、鑑定中の時間のみです。それ以外の時間は待機中であったとしても報酬は発生しません。その代わり、鑑定中以外は自由に過ごすことができます。

電話が鳴ったときにすぐに出られる状態であれば、執筆作業や家事、読書など、何をやっていてもいいわけです。ただし、当然ながらお風呂に入るなど、電話に出られ

通話はサイトのシステムを経由

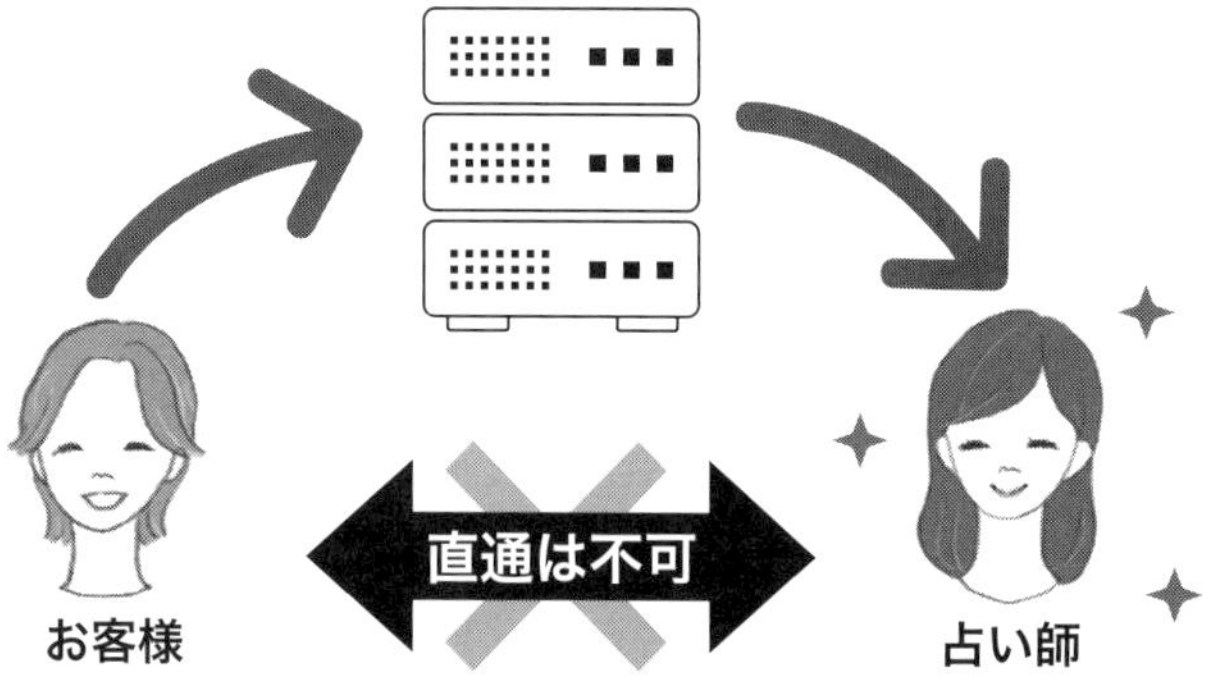

なくなる行動は慎まなければなりません。急にそういった行動が必要になった場合には、サイトごとの所定の手続きに従って休憩を入れる必要があります。

こうした電話占いでの働き方の基本的な形は、どこのサイトに所属した場合でも大体同じです。

✦待機のスケジュール

何日の何時から何時までを待機の状態にするかのスケジュールは、事前にシフトとして提出するのが一般的です。シフトの事前提出には、お客様に対する周知の意味もありますので、提出したシフトを遵守して待機することが、人気と信頼の獲得につながります。無理のない範囲で待機するようにしましょう。

どうしても予定や体調が優れなくなってしまった場合には、運営サイドに相談することで大抵の場合は変更を許容してもらえます。子供の急な発熱などに対応することもできますので、子育て中でも比較的安心して働けます。

✦お客様の並びや予約

お客様が占い師を選ぶ際に、対象の占い師が鑑定中でなければそのまま占いがスタートしますが、先客がある場合には順番待ちの状態になります。前の鑑定が終わって順番が回ってきたときに、電話やメールでお客様にお知らせがいく「並び」というシステムです。これがないサイトもまれに存在しますが、今はかなり一般的なシステムです。このシステムはサイトごとに微妙にルールが異なっていて、占い師の待機開始と同時に順番待ちができる場合もあれば、待機の当日0時から受付開始になる場合もあります。また、時間帯を指定した予約ができるサイトもあります。

このような予約などのシステムがある場合、すでにお客様がついている時間の待機をキャンセルできないというルールもあり得ますので、注意が必要です。

人気の占い師にはお客様が並ぶ

ただいま鑑定中
残りの待機時間
2 時間 45 分
お待ちのお客様
現在　3 名

行列が新たな行列の元になることもあるので、人気が出ればどんどんお客様が増える

✦待機のスタートと終了

待機がどのようにはじまってどのように終わるかは、所属先ごとのルールによって決まっています。普通は時間が来たら自動的にはじまりますが、サイトによっては、所属占い師向けの専用サイトにログインして、鑑定可能な状態であることを宣言しなければならないこともあります。

終了時間も同様にいろいろなシステムがあります。お客様が並んでいる場合には、それを最後まで鑑定し終えなければ待機を終了できないサイトもあります。その場合は、ある程度で予約を打ち止めにするか、その分を考慮した待機時間の組み立てをするなどの対策が必要です。

1 電話占い業界の現状

実際どれだけ稼げるのか？報酬システムと待機時間のモデルケース

電話占いの報酬は「分給制」です。1分ごとに定められた報酬を、実際の鑑定分数分だけ受け取ることができる仕組みになっています。

まったくの新人として電話占いにデビューする場合は、1分につき50円くらいからスタートするのが近年の大体の相場です。デビューから一定の時間がたつと、稼働率や待機時間の長短、お客様からの評判などによる査定が行なわれて、少しずつ報酬額は上昇していきます。早ければデビューの翌月にはアップするかもしれません。

✦デビュー月の報酬と副業の場合のモデルケース

多くの電話占いサイトでは、デビューしたての新しい占い師には注目が集まり、初月は待機時間に対して6割以上の稼働率が期待できます。

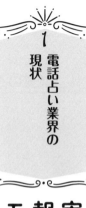

報酬のモデル

分給		稼働率		1時間あたり
50円	×	60%	×	60分

初月に見込まれる実質の時給換算額　**1800円**

ex）60時間の待機で、月収は 10万円以上!!

仮に初期の分給が50円で稼働率が6割になるとして、60時間の待機をした場合の月収は10万８０００円になります。

毎日2時間の待機でもいいですし、平日に1時間と週末のどちらかに8時間がんばると、1ヶ月で60時間ほどになります。

週末に8時間とはいっても、稼働率が6割の場合だと実際に話をするのは5時間弱ですので、体力的にもそれほど負担はかからないでしょう。

平日は本業だけに集中したい場合には、8時間の待機を7回半で60時間になります。土日は、平均で月に9回ありますので、完全な休みも残した週末起業で、月収10万円を達成できる計算です。

◆初月以降の報酬と専業のモデル

60時間で10万円は、デビュー初月に分給50円で待機した場合を想定しての計算ですが、その月以降の売上は人それぞれで変わっていくでしょう。

初月についたお客様に十分に満足してもらうことができれば、お客様はすぐにリピーターとなってまた電話をかけてきてくれます。そういう状況になっていれば、分給の上昇が期待できます。5円か10円ずつの上げ幅かもしれませんが、5円だとしても、同じ労力で月収が1割上昇するのはうれしいことです。

◆ゆくゆくは専業にシフト

所属する会社によりますが、安定して活動していれば徐々に報酬も稼働率も上がり、2年後には分給70円で稼働率7割くらいになるのも難しいことではありません。その条件で60時間の待機をすると、月収は17万6０００円に跳ね上がります。

稼働率が上がれば体力的な負担は増えますが、そうなれば専業の電話占い師になるという選択肢も有力になってきます。仮に70円のタイミングで専業にシフトし、サラリーマンと同じく1日8時間・月に１７０時間働くと、月収は約50万円になります。

待機時間のモデル

仕事帰りと休日の副業モデル

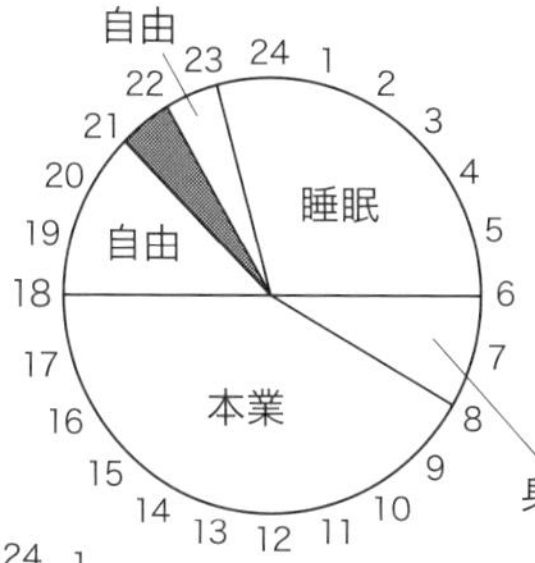

平日は１時間だけ、
仕事が終わった後に！
21 時以降は、集客も
よくなる時間帯。

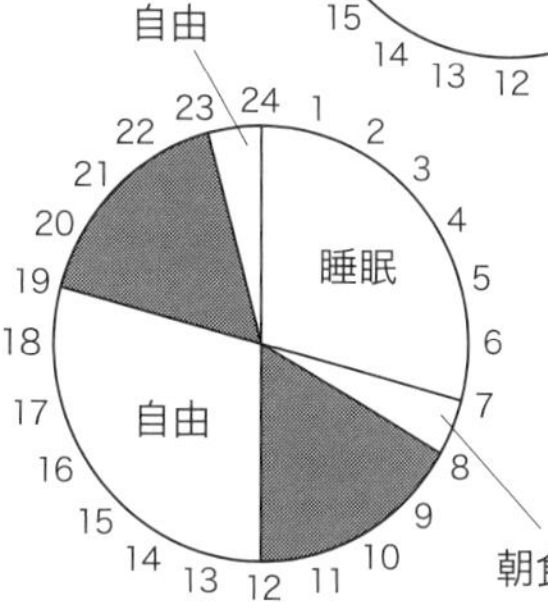

休日はまとめて８時間
途中に休憩を挟んで、自由時間も
十分確保！
この時間は集客も比較的少ないので
効率的！

主婦業との兼業モデル

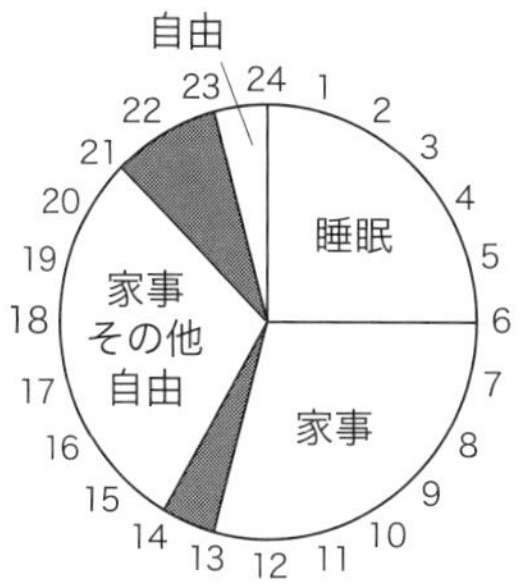

平日のみ１日３時間、
家事や子育ての合間を見
て待機する。

平日は大体 22 回あるの
で、２日休んだとしても
60 時間の待機を確保。

1 電話占い業界の現状

副業からスタートして本業にしていくのがベストチョイス

電話占いは、デビュー直後から安定して仕事の成果をあげることができる仕事です。しかし、本書では最初から本業として、電話占い一本でやっていくことはおすすめしていません。それにはいくつかの理由があります。

✦待機時間を長くすると稼働率が下がる

第一に、お客様の絶対数が限られているという問題があります。待機時間を長くすると、その分だけ多くのお客様の目に留まるので、たしかに一時的には鑑定回数が多くなり収入も増加します。

しかしながら、ひとりの新人占い師に興味を持ってくれるお客様の数には限度があります。時間を倍にしたからといってお客様が倍になるとは限らないのです。

魅力的に見える占い師はどっち？

行列は人を呼ぶ
ただいま鑑定中
残りの待機時間
1時間52分
お待ちのお客様
現在 10名
いつでも鑑定可能
残りの待機時間
10時間58分
お待ちのお客様
現在 0名

お客様はお客様につられて電話をかけるという特徴があります。待機時間中の稼働率が十分にあり、また、ときには「並び」が発生している占い師のほうが、お客様からの注目はどうしても高くなります。

待機時間が長くなれば、相対的に稼働率が下がってしまうことになり、お客様からの注目は徐々に低くなります。

反対にあまりにも待機時間が短すぎる場合には、占いサイトが十分なプッシュをしてくれない可能性もあります。それらを考えると、月に60時間という待機時間がちょうどよいラインになるといえましょう。

どうしても占い一本でやりたければ、対面鑑定と掛け持ちするのもありです。

✦お金儲けに追われると占いの技術が先細る

職業として占いに携わる以上、稼ぐということにまったくこだわらないわけにはいきません。報酬を得るというのは仕事の成果が認められていることの証のひとつですし、利潤を追求することは事業者の権利でもあり義務でもあります。

しかしながら、稼ぐということに追い回されてしまうことも問題です。お金を稼がなければならないという意識が強くなりすぎて、お客様のために話をするという占い師の本分を見失ってしまっては、元も子もありません。売上に必死なセールスマンと話をして癒やされる人はいません。占い師は心に余裕を持つことが大切です。

占い一本でやっていくのは、最高の仕事を着実に重ねて、生活をするために必要なお金以上のものが安定的に稼げることを確認してからでも遅くないでしょう。

✦万が一集客できなかった場合は勉強のし直しが必要

本書では最初から十分な成績をあげて、お客様に認められる占い師になることをめざしてアドバイスしています。そして、本来的には電話占いサイトのオーディションに合格した時点で、それはプロの目線から見て売れる可能性が高い占い師であること

お金に追われるデメリット

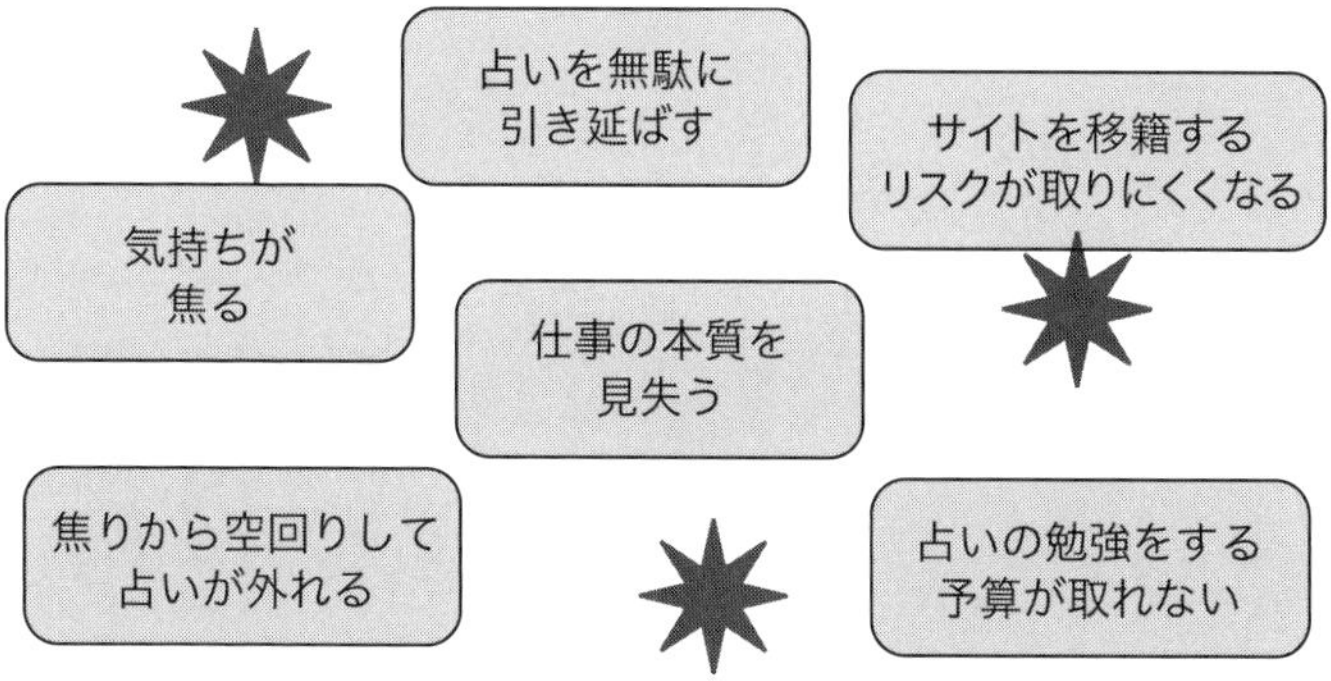
占いを無駄に引き延ばす
サイトを移籍するリスクが取りにくくなる
気持ちが焦る
仕事の本質を見失う
焦りから空回りして占いが外れる
占いの勉強をする予算が取れない

を意味しています。しかしながら、デビューしてみたところお客様が思った通りに入らずに苦戦してしまうこともあるかもしれません。そういった場合には、何らかの解決の道筋があるでしょうから、いろいろと工夫をして態勢を立て直す必要があります。

その手段は、占いの勉強をやり直すことや、さらに占い師としての実占経験を積むこと、そして場合によっては所属サイトを変更することなどが考えられます。

このとき、他に収入源があれば、安心して最善の解決策を選ぶことができます。

2 そもそも占いとは何か

「占術」を通じて見えないものを可視化する技術

占いといえば、どのようなものを想像するでしょう。「今年の運勢」や「結婚の時期」などといった漠然とした相談から「好きな彼の気持ち」や「自分に向いている職業の診断」のような具体的で細かな相談に至るまで、占いが扱うテーマはさまざまです。

こういった占いの対象となるテーマに共通しているのは、目で見たり触ったりして知覚することができない情報であるということです。占いとは、このような直接理解できないもの、隠れているものを、どうにか覗き込んで理解するための技術であるといえるかもしれません。

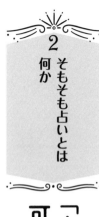

✦占術とは何か

そういった隠れている情報を理解するためのツールとして、タロット占いや四柱推

占術を通じて可視化するのが占い

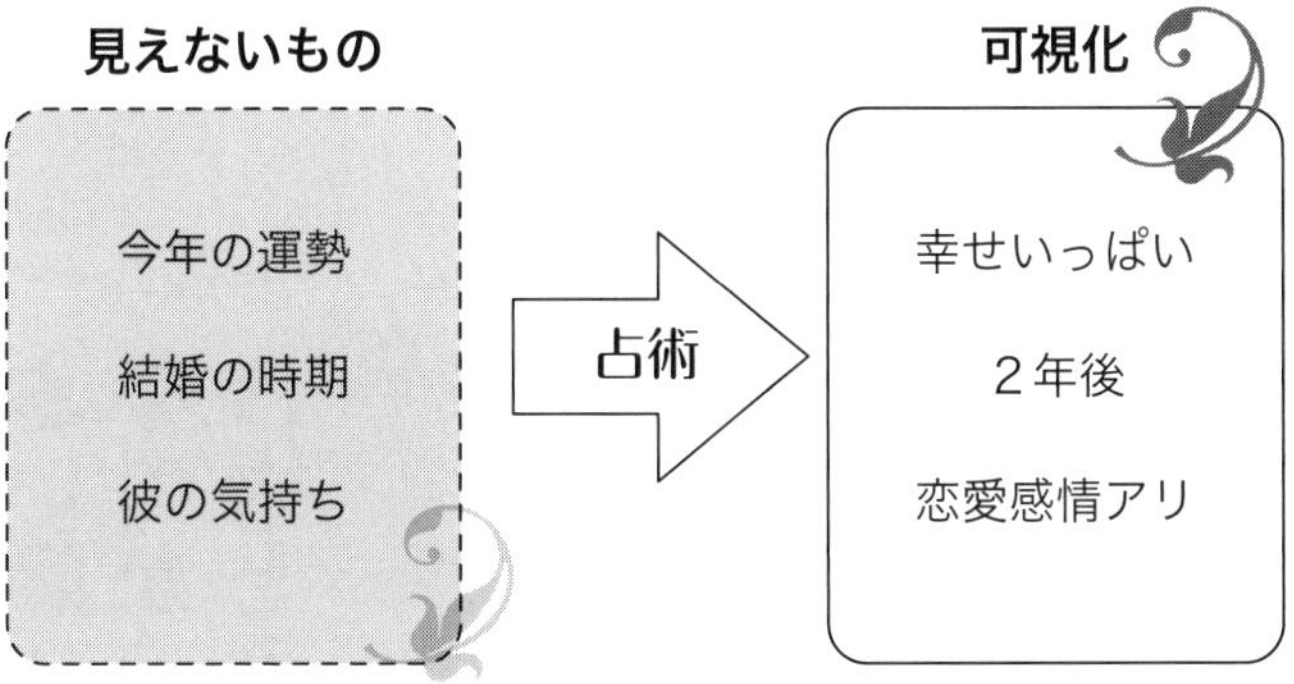

命、西洋占星術など、さまざまな種類の占いがあります。このような占いの技術を「占術」と呼びます。占術は、入門書を読むなどして学習することで、誰でもマスターすることができます。持って生まれた特殊能力は必要ありません。

ただし、占術を学ぶだけで必ず優れた占い師になれるわけではありません。

それはちょうど、一生懸命に勉強して医学をマスターすれば、必ず名医になるとは限らないのと似ています。

学んだ占術を的確に活かすには、人として誠実にお客様と向き合い、占いの知識を正しく活用して人を幸せにするという意思を持つことが必要不可欠です。

2 そもそも占いとは何か

占い師になるには霊感が必要なのか？ 占術と霊感の違い

占い師といえば、「持って生まれた特殊な霊能力を使って未来を見渡す人」というイメージを持っている人もいるかもしれません。しかし、実際に日本で活躍する占い師の多くは、霊能力ではなく占術を駆使して占いを行なっています。

✦霊能力と占術の違い

占術にはそれぞれ固有のロジックがありますので、占い師はそれに従って答えを出します。たとえば、タロット占いなら「運命の輪」のカードが出たら、「チャンスが到来する」というような、カードの持っている意味を答えとして出すわけです。こうした知識は、後天的にいくらでも学ぶことができます。実占経験を含めて、自発的な学習で占いの精度をどんどん高めることができます。

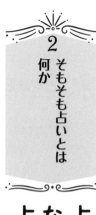

占術と霊感の違い

占術	霊能力
自発的に学べる	与えられる才能
他人と共有可能	自分だけの能力
安定的な精度	調子次第
やや抽象的な答え	具体的な回答

これに対して、いわゆる霊能者と呼ばれる人は、まったくもって自分の感覚だけを頼りに占いの答えを出します。そこにはロジカルなバックグラウンドなどは不要で、完全なる才能の世界であるといえましょう。

✦占いを学ぶことは霊能力の入り口

とはいえ、占術が完全に科学的な技術体系というわけではありません。たとえばタロット占いをロジックに従って解釈し、それが未来を的確に示しているのも、本当は不思議なことなのです。

占術を学習することで、いつの間にか霊感的な能力を身につけるということも珍しいことではありません。

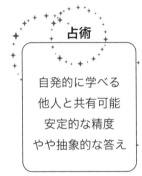

タロットカードの運命の輪の札を見て、「彼が転勤で地方に行くことをきっかけに結婚が決まる」という答えを「感じる」ことがあるかもしれません。純粋なロジックだけでは、ここまで細かな結果を出すことはできないはずです。

占術の学習を十分に深めて、さまざまな人を相手に実占を重ねているうちに、いつの間にか感性は鋭くなっていきます。特にタロット占いではこの傾向が強いようです。

タロットカードを使うことによって、人間が潜在的に持っている霊感を引き出す占術を、特に「霊感タロット」と呼称することがあります。この場合、タロットカードは、占い師の霊感を高める補助装置としても機能しているわけです。

✦電話占いにおける霊感の考え方

霊能力というものに、そもそも決まった定義があるわけではありませんし、能力の強弱を定量的に分析する手段もありません。能力の中身は人によって異なります。

あえて一般化していえば、占いの世界では「人知を超えた神妙な感性によって得られるひらめき」という意味で霊能力や霊感という言葉を使っています。

そんな能力を持っていることを、自ら宣言して自称することが適切とは私は思えま

霊感タロットとは

タロットカード
「運命の輪」

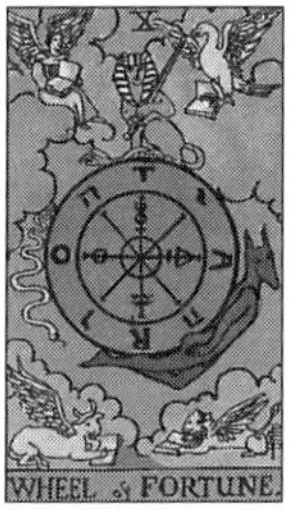

本来の意味

チャンスのとき
大きな変化
未来がよくなる

なんとなく感じたイメージ

転職
結婚

↓

転職を機に結婚

せん。霊能者という肩書きは、他人からその感性の鋭さ、見通す力の的確さを認められて、はじめて用いるべきものだと思います。

サイトによっては、オーディションにおける占いが鋭く、霊能力者であるといえるレベルだと判断した場合には、プロフィール上で霊能力者を名乗ることをすすめてくることもあるでしょう。

それならば、占いのプロから霊能力者としてのお墨つきをもらったのと同じですから、プロフィールに霊感ありと記載するのも悪くないでしょう。

ただし、霊感を表記すると、お客様からの注目が高まる代わりに、その評価はシビアになるおそれがあります。

2 そもそも占いとは何か

ちゃんと勉強すれば占いは当たるもの

しっかりと勉強を積んだ占いは、不思議なほどによく当たるものです。占術にはそれぞれ歴史があり、その中で試行錯誤を重ねて研ぎ澄まされてきました。こうした占術のロジックの中には、人の悩みを解決するための叡智《えいち》が織り込まれています。3章で、いくつかの占術について具体的な特徴をご説明しますが、まずはひとつ、自分の得意占術を作って、占い師としての基礎力をつけることをめざしましょう。

初学の段階では、思うように鋭くいい当てることは難しいかもしれませんし、解釈の誤りによって全然違う答えを出してしまうこともあるかもしれません。しかしながら、じっくりと腰を据えて勉強すれば、いずれ占いは当たりはじめます。

とにかくまずは占いを信じましょう。変に当てることを意識して一般論に引っ張られすぎないようにすることが、本当に当たる占い師になるための第一歩です。

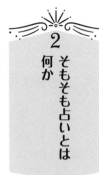

占術は人類の叡智

**今日に残る占術の発展に、
重要な足跡を残した歴史上の人物の一例**

アリストテレス

（人相・夢占い・占星術）

人相学や夢占いなどを研究した他、占星術の宇宙観に影響を与えた。

ヨハネス・ケプラー

（占星術）

アスペクトと呼ばれる天体同士の角度による影響を再定義した。

諸葛孔明

（奇門遁甲・方位学）

奇《き》門《もん》遁甲《とんこう》の優れた実践家として、その効力を世に知らしめた。

文王（初代周王）

（易占い）

易の解説を書いたとされ、易占いの別名「周易」の語源となった。

占術の中には、未来や目に見えない運気を、どうにかして知ろうとしてきた人類の知恵が詰まっています。

3 電話占いのお客様

誰にも聞かれたくない相談をする人が多い

電話占いには、お客様にとっても対面鑑定にはないメリットがあります。そのひとつは、完全に誰にも聞かれることなく、秘密の話をすることができるということです。秘密の保持という点については、対面鑑定の占い師も徹底して守っていることと思います。しかし、遮音性の高い個室で鑑定できる店舗は少なく、お客様の中には鑑定中の話し声が周囲に聞こえてしまうことを気にする方もいらっしゃいます。

職場の既婚者に対する恋愛感情の話など、絶対に誰にも知られてはならない問題を抱えている人にとっては、特にそれが重要なことです。電話占いでは、お客様自身の判断で、誰にも聞かれる心配のない場所から電話をかけられるので、落ち着いて占い師との話に集中できるのです。

また、恋の秘密やお金のこと、健康のことなどのデリケートな問題を、直接顔を見

お客様は絶対秘密の相談がしたい

秘密は絶対
守られるの？
話がまわりに
聞こえ
ないか心配
顔を見ずに
話がしたい

ずに話せることもメリットです。

顔を見ながらでは話しにくいことも、決して直接会うことがない電話だけの相手だから相談できるということもあるようです。

✦秘密を守る意識の高さが大切

お客様の相談内容は、どんな理由があっても外部に漏らしてはいけません。お客様から聞いた話は、名前や職業から靴のサイズに至るまで、何から何まで誰にも話してはいけません。秘密を守れることは、占い師としての最低条件です。

口が軽く、個人情報を平気で話題にするような人は、高度な秘密を預かる占い業界では、決して生き残ることはできません。

3 電話占いのお客様

多くの占い師を渡り歩く「占いジプシー」を理解しよう

電話占いのお客様の多くは、複数の占い師を利用した経験を持っています。その中でも特に何人もの占い師を渡り歩いている人は「占いジプシー」と呼ばれます。

このような利用の仕方が生まれる理由のひとつは、お客様が自分の求める答えを出してくれる占い師を探していることにあります。誠実な占い師は、お客様の求めている答えに寄せた回答はしません。また、占いの結果を曲げてお客様の望む言葉をかけたとしても、それに合わせて未来が好転するわけではありません。すると占いが当たらないということで悩みが解決せず、次の占い師が必要になるわけです。

✦他の占い師を批判しないこと

お客様によっては、他の占い師から聞いた話を持ち出して、それが正しいかどうか

占いジプシーの心理

占いが
外れた
他の占いでも
同じ答え？
いいことを
いわれたい
そうだ。次、行こう

のセカンドオピニオンを求めるような方もいらっしゃいます。そういった場合には、他の占い師の言葉を変に意識することなく、できるだけ謙虚な表現を心がけつつ自分の鑑定結果を伝えましょう。

基本的に他の占い師のことを悪くいうのはタブーです。自分の正しさを他の占い師との比較の中で示すことは、会話の流れで必要な場面もあるかもしれませんが、お客様からの印象はよくありません。なぜならそのお客様は、前に相談した占い師のこともある程度信用しているからです。

特に、占いファンは心が優しく気弱な方も多いので、正論を伝えるにしても、言葉が強くなりすぎないようにしましょう。

3 電話占いのお客様

厳しくても誠実な回答と、優しい人柄を求めている

後の章でも詳しく触れますが、占いの答えには「アゲ鑑定」と「サゲ鑑定」と呼ばれるものがあります。平たくいえば、甘めの答えを出すか、辛めの答えを出すかという話です。伝え方の問題として優しく伝えるかストレートに伝えるかということについては、それぞれの占い師のキャラクター的な持ち味ですので、それはどちらでもよいと思います。しかし、鑑定の内容そのものについてお世辞をいうことは、あまり推奨できることではありません。

✦基本的には正しい答えを知りたい

占いのお客様は、正しい答えを知りたいと思っています。これは当然といえば当然のことですが、実際に占いの現場に立つと、甘い言葉をかけたほうがいいのではない

占いのお客様の心理

でも、お世辞は
意味がない
つらい結果は
受け入れがたい
いい結果が
聞きたい
やっぱり本当の答えが
聞きたい！

かと思ってしまう場面があります。相談内容に対して「明らかに無理」と占いが示したとしても、「無理だから諦めましょう」とストレートに伝えるのは、勇気が必要です。

だからといって「何の問題もありません」といってしまえば、お客様が何にお金を払っているのかわからなくなります。

もちろん、個人差はあるでしょうが、占いに課金している以上、お客様は正直な占いの結果を知りたがっていると考えて対応するべきです。

究極のところ、悪い結果を伝えたことで怒りをあらわにするお客様は、少数ながら存在します。最大限の誠意とお客様への敬意を持って、丁寧に悪い結果を伝えたとしても怒り出すなら、そのような人はもはや占いのお客様として接することはできないと考えるのもひとつの手段です。それ以降の鑑定はお断りしてもよいでしょう。

もしもそこで甘い言葉をかけることが、そのお客様の命をつなぐ唯一の手段であるなら、迷わずその優しさでお客様を救って差し上げてください。しかし、そんな場面はめったにありません。電話占いという職業は、お世辞をいうことが主業務であるほどにつまらない仕事ではないのです。そして、そんなことをしていても本当の信頼と人気を獲得することはあり得ません。それよりもっと、大切なことがあります。

✦ジプシーを卒業するための伴走者になってあげること

電話占いのお客様が本当の意味で求めていることは、もちろん悩みを解消することです。それは本来、その瞬間の悩みを忘れることではなく、問題を根底から解決することを望んでいるわけです。甘い言葉では問題は解決しません。

電話占いにわざわざ相談するような悩みの多くは、簡単に解決する問題ではありません。しっかりと占えば、どうしても悪い結果を含んだ占いになってしまうはずです。

そういう場合に、占いの結果をストレートに伝えるだけでは、お客様の心を満たす

占いのお客様の心理

本当の答えを聞いた上で、
元気になりたい！
安心！
頼れる！
一緒に未来を作る
占い師が必要！

ことはできないでしょう。お客様はよい答えを出して安心させてくれる占い師を求めてジプシーを続けてしまうかもしれません。

悪い答えが出てしまったときには、その理由を探り、どのように直せばよりよい未来を作ることができるかを一緒に考えて、目的を達成するまで一緒にがんばる伴走者になってあげることが必要です。

占いの示す未来は断定的なものではなく、相談者と占い師が二人三脚でよりよいものに変えていくべき未来なのです。

たとえ占いの結果が思わしくなくても、占い師との会話の中でそれを乗り越えていく道筋を見つけることができれば、お客様の占いジプシーを止めることができます。

4 電話占いに向いている人

コミュニケーション力が電話占いのすべて

電話占いでは、占いの技術ももちろん大切ですが、実際にお客様の心をつかむことができるかどうかは、コミュニケーションの善し悪しで決まります。人と話をすることが好きで、一対一で向き合うコミュニケーションに自信がある人にとっては、電話占い師という職業は天職であるといえましょう。

近年は「雑談力」という概念が普及していますが、電話占いではどちらかというと雑談は求められにくい傾向があります。電話占いの課金は分単位であるため、相談内容と関係のない話をしすぎることはマイナスになるかもしれません。

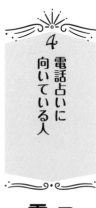

✦明るく元気な聞き上手になろう

電話占い師に求められているコミュニケーション力とは、最終的にはお客様を元気

電話占いに必要なコミュニケーション力

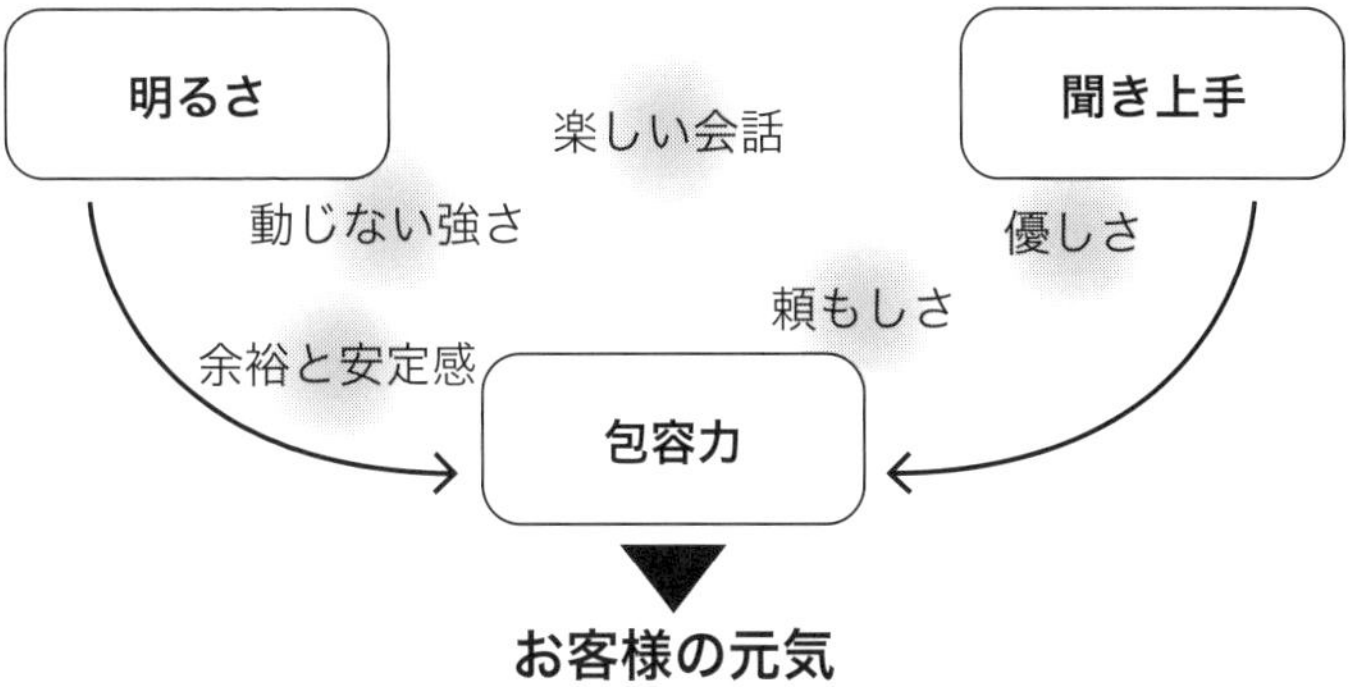

にするためのものです。
会話を通じて相手を元気にするには、まず占い師自身が元気でなければなりません。元気いっぱいの明るい占い師と話をしていると、その陽気なテンションが電話を通じてお客様に伝播し、なんとなく楽しい気分になっていくものです。
少しのことでは動じない明るさを持った人には、多少ネガティブな話をしても聞いてくれそうな安心感を覚えるものです。そこに包容力を感じて、お客様はいろいろな相談をしてくれるようになるわけです。
明るく楽しい会話の中でこそ、人は饒舌になるわけですから、明るいことこそが聞き上手であるといえるかもしれません。

4 電話占いに向いている人

元気とモチベーションの維持が電話占いの課題

電話占いへの移行をためらっている対面鑑定の占い師さんの中には、電話占いはメンタル的に大変だと考えている方も多くいます。実際に、電話占いのサイトでランキングの上位にいるにもかかわらず、モチベーションが続かずに電話占いの世界を離れてしまう占い師がいるのも事実ではあります。電話占いを続ける上で一番のポイントになることは、元気とモチベーションを維持することなのかもしれません。

長く安定して電話占いの仕事を続けていくために、自分自身を幸せにするリラックス方法を見つけることをおすすめします。仕事の他にも、大好きなことややりたいことがある人は、電話占いを続けやすいかもしれません。

がむしゃらに働くことよりも、ほどよく上手に休むことのほうが、電話占い師として活躍するためには大切であることを覚えておきましょう。

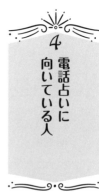

電話占いの大変さと対処方法

仕事中毒になりやすい

自分の希望に合わせて待機のスケジュールを組めることと、報酬が完全歩合であることと、そして頼られることとが重なると、どうしてもがんばりすぎになってしまうリスクが生じます。

いつでも休めることこそ電話占い師のメリットであるということを意識して、なるべくゆったりした待機の計画を練ることが大切です。

占いの的中が不安

当たり外れは占い師の常です。そんなことを気にしていてはいけません。むしろ、外れることを恐れて中途半端な占いをすることのほうが恐ろしいくらいです。

「当たるも八卦当たらぬも八卦」という言葉に甘えて、一度伝えた占いは振り返らないことも大切です。

仕事の相談をする相手がいない

秘密を扱う以上、仕事の相談は難しいところです。サイト運営者に相談するのが手堅いですが、機密に触れなければ、お客様として他の占い師に相談する人も多いようです。

4
電話占いに向いている人

対面鑑定に進んだほうがいいのはこんな人

占い師として安定的な収入を得て、時間に縛られずに実占と勉強を重ねることのメリットを考えて、本書では電話占いを第一に推してはいます。しかし、電話占いのみが絶対的に優れているというスタンスで執筆しているわけではありません。

本書には占い師に大切なこととして、電話占いのみならず対面鑑定でも役立つ考え方を記述しています。占い師の役割は対面でも電話でも基本的には変わりませんので、次に当てはまる方は対面鑑定で仕事をすることも検討してください。

✦対面鑑定に向いている人とは

まず当然のことかもしれませんが、電話占いでは視覚を使う演出はできません。自身のルックス的な魅力や特徴を活かして、将来的にはタレント的な仕事をしたいと思

電話占いに向く人・対面鑑定に向く人

電話占いに向いている人物像	対面鑑定に向いている人物像
□ 一対一で話すのが好き	□ ひとりで仕事をするのは嫌
□ 会話の際にまわりの音が気になる	□ 電話で話すのが苦手
□ 在宅ワークをしたい	□ 自宅に仕事を持ち込みたくない
□ 深夜の時間も働きたい	□ 占いそのものが大好き

うなら、電話よりも対面式のほうが成果をあげやすいでしょう。メディアに出たいなら東京の有名な対面鑑定の館に出るのが一番の近道です。

また、手相や人相はもちろんのこと、特定の占術そのものに深い思い入れを持っている人も、電話占いには向きにくいかもしれません。

電話占いでは、具体的な質問に対して具体的な回答をする占いが重宝されます。生年月日や手相からわかることを一方的に伝える占いをやりたい人は、電話占いとはマッチしにくいかもしれません。そういった占いは観光地やイベント会場での対面鑑定で需要があります。

2章

占いマスターへの道
——効果的な占いの学び方

1 まずは基礎から！占い入門

占いはどうやって学ぶのか

占いを学ぶにはいろいろな方法があります。ひとりの先生に弟子入りして、その先生の持つ技術をじっくりと学ぶ方法や、占い専門のスクールに入学してカリキュラムに従って学ぶ方法などが一般的によく知られています。

これらの方法で占いを学ぶと、占い師として活動していくために必要な知識を網羅的に取得でき、業界内での人脈も作りやすくなります。スクールや師匠によってさまざまではありますが、デビュー先の斡旋までしてくれるところも珍しくありません。もしも、勉強のためにまとまった時間と資金を確保することができるのであれば、こうした方法で学ぶことは非常に有効な手段であると思います。

✦独学のすすめ

スクールと独学の比較

	スクール	独学
費用	30万円程度～	数千円～数万円
学習期間	受講期間による	自分のペース
人脈	作れる	作れない
学習内容	講座を選ぶのみ	自分で決められる

すでに学びたい占術が決まっていたり、尊敬する先生がいる場合にはスクールもいいのかもしれませんが、そうでない場合は、コストをかけずに独学からはじめることをおすすめします。占いは独学でも十分に学べるものです。

世の中にはたくさんの種類の占いがあります。その中で、どの占術が自分に合っているのかを見極めることが大切です。

そこでまずは、少しでも気になる占いの入門書に、片っ端から当たってみることをおすすめします。占いの本は、新しいものが必ずしもいいわけではありませんので、気に入る占術が見つかるまでは、図書館にある本を読んでみるのもよいでしょう。

✦相性のよい本を探す

占いをマスターすることができるかどうかは、自分と相性のよい本に出会えるかどうかにかかっているといっても過言ではありません。一般によいとされている本を読んでマスターできなかった占術であっても、無名な著者の古い本を一読しただけで理解できるということはよくあることです。

とにかく、これなら読みやすいと思える本を探してみてください。

✦複数の本を読み、講座で補強

気に入る占術が見つかったら、その占術に関する本をいくつか読み、占術の基礎的な力を身につけましょう。ひとつの占術に対して数冊の本を試すと、より深く実践的な学びを得ることができるはずです。

書籍だけでは、よくわからないところがあれば、各種の占い講座に参加して補強しましょう。ネットで検索をすれば、プロレベルのブラッシュアップ講座がいくつも見つかるはずです。

占術をしっかり学び自信をつけることが、プロとしての最初のステップです。

占いの本を選ぶポイント

一般向けと専門家向けがある

占いの本には、占いのプロなどの専門家が本格的に技術を学ぶための本と、一般の占いファンが自分のことを占って楽しむための本があります。一般向けが悪いということはありませんが、基礎力以上を身につけるには、専門家向けの本を読む必要があります。本を開いてみたときに、内容がシンプルすぎるものはプロの世界での実用には耐えません。

自分を占ってみる

その本を読みながら、自分のことを占ってみると、本の内容の正確さや、自分との相性がわかります。特に生年月日の占いの本を探す場合に、自分の生年月日の占い結果がしっくりこない本なら読んでいても仕方がありません。

結局フィーリングがすべて

あくまでも占いは科学ではありませんので、誰にとっても最善の絶対的な入門書はありません。自分にとって最高の本を見つけることができればそれでよいのです。フィーリングを大切にして探してください。

占いのジャンル分け——2種類の占術の区分法

ここであらためて、占術についてもう少し詳しく解説しましょう。

各種の占術は、その性質によっていくつかの方法で区分されます。それらの区分には、学ぶべき占術を定める上での重要な情報が含まれています。

✦地域による区分

重要な占術区分法のひとつ目は、占いがどこの地域のものかを基準に分ける方法で、主として「東洋系の占い」と「西洋系の占い」に分類されます。一般的に、西洋系の占術である西洋占星術は、同じく西洋の占術であるタロット占いなどと相性がいいとされているため、セットでマスターされることが多く、こうした占い師を「西洋系の占い師」と呼ぶこともあります。

占いのジャンル　地域による区分

西洋系の占術

- 西洋占星術
- ルノルマンカード
- タロット占い
- ルーン占い
- 数秘術
- 手相占い

東洋系の占術

- 易占い
- 奇門遁甲
- 四柱推命
- 宿曜占星術
- 紫微斗数
- 算命学

その他地域の占術

- マヤ暦の占い
- ネイティブアメリカンの動物占い
- インド占星術

✦「命《めい》卜《ぼく》相《そう》」の3区分

もうひとつの重要な区分法は、「命術《めいじゅつ》・卜術《ぼくじゅつ》・相術《そうじゅつ》」という3種類に分ける方法です。これらは、占いをするために必要な材料やそこからわかることによる分類です。

命術とは、生年月日や出生地など、誕生と同時に決まる生涯変わらない情報を元にした占いのことです。持って生まれた才能や性格などといった、その人の運命を知るために使われます。

また、生年月日がわかれば、本人がいない場所でも占いをすることができるため、実占の現場では相性占いに使われることが多い占術でもあります。

卜術は、偶然の結果を材料にした占いのことです。古代中国では、亀の甲や動物の骨にできるヒビの形の偶然性からさまざまなことを占いました。「卜」という字はその様子をかたどったものとされています。命術が人について知るための占術であるのに対して、卜術は質問の答えを知るための占術です。

相術は、形になって現われているものの特徴を材料にした占いです。手のひらに現われている紋様をみる手相占いや、家の形を見る家相占い、文字という形になって現われた名前を見る姓名判断などが相術に当たります。命術が不変の生年月日を対象にした、生涯変わらないものを判断するのに対して、相術は後天的なものを扱う占術です。

✦「命卜相」を最低ひとつ覚えて一人前

それぞれに扱うテーマが異なる「命卜相」の占いを、各ジャンルから最低ひとつずつはマスターすることが、占い師として理想的とされています。電話占いでは、相術の需要は比較的少ないですが、命術と卜術については、おもしろいように相乗効果を発揮しますので、それぞれひとつはマスターすることをおすすめします。

占いのジャンル 命卜相

命術 生年月日から持って生まれたものを占う

・西洋占星術・四柱推命・数秘術
・紫微斗数・算命学・宿曜占星術
・インド占星術・マヤ暦の占い
・ネイティブアメリカンの動物占い

卜術 偶然の結果から質問への答えを占う

・易占い・タロット占い・ルーン占い
・ルノルマンカード・梅花心易
・ホラリー占星術・オラクルカード
・奇門遁甲・鳥占・亀卜・墨色

相術 形になって現われたものから後天運を占う

・手相占い・顔相占い・姓名判断
・家相占い・印相占い・墓相占い
・バグア・ほくろ占い・名刺相占い
・風水・筆相占い・声相占い・雲気占い

1 まずは基礎から！占い入門

役立つ頻度ナンバーワン！タロット占いは必修の占術

電話占いに限らず、占いのプロの現場では、タロットカードは非常によく使われるアイテムです。タロットカードとは、22枚の象徴的な絵が描かれた「大アルカナカード」と、56枚の数札である「小アルカナカード」の合計78枚で構成されています。これらをよくシャッフルし、「スプレッド」と呼ばれるあらかじめ決められた並べ方に従って展開して、人の気持ちや状況などさまざまなことを占います。

タロット占いは、入門書も多く比較的容易に学べる占術です。世間的知名度も高く、お客様からのニーズも十分にあり、占い師ならマスターして損はありません。

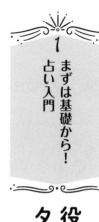

✦まずはワンオラクルを覚えよう

タロット占いの初歩中の初歩、最初のステップはワンオラクルと呼ばれる占い方で

タロット占いとは

カードの持つ意味

繁栄する　強力なエネルギー
大成功　生命力　幸せ　よい未来

▼

これらを参考にして質問に対する答えを出す

す。占い方は非常にシンプルで、気になる質問をひとつ、なるべく具体的に考えてからタロットを1枚ランダムに引くだけです。そのカードの意味が質問に対する答えを示しています。このワンオラクルをマスターするだけなら、早い人だと1週間くらいで人を占うレベルまで到達することができるでしょう。

もちろん、タロット占いも奥が深く、カードに現われているシンボルの神秘学的な意味や宗教学的な解釈を探り出すと、一生かかってもマスターできないほどに深遠な占術です。最初は全体を理解しようと思わずに、慣れることをめざしてたくさん占うことが上達の近道です。

✦タロット占いは電話占いの縮図

プロのタロット占いといえば、カードをたくさん並べて占うイメージがあり、複雑な印象があるかもしれません。カードをたくさん並べることをスプレッドといいますが、実はこのたくさん並べられたカードの一つひとつは、単純な質問に対しての回答を示しているにすぎません。スプレッドとは、ワンオラクルの集合体なのです。

タロット占いには、伝統的なスプレッドがいくつもありますが、それはいうなれば、昔の占い上手が、ある特定の質問に対して必要なワンオラクルをリストアップして、格好よくまとめたものであるといえます。

ワンオラクルを積み重ねて、それらの情報を総合した結果として、ひとつの大きな答えを出すというのが、タロットカードのスプレッド解釈の基本形です。

これは、占いそのものの全体的な流れとよく似ています。相談者との会話を通じて、気になること、わからないことが出てきたときに占いをしてひとつの答えを得る。それを繰り返して少しずつ全体の解決を探っていくのが電話占いにおける鑑定で最も大切な基本フェイズなのです。

タロットのスプレッドの例

二者択一スプレッド

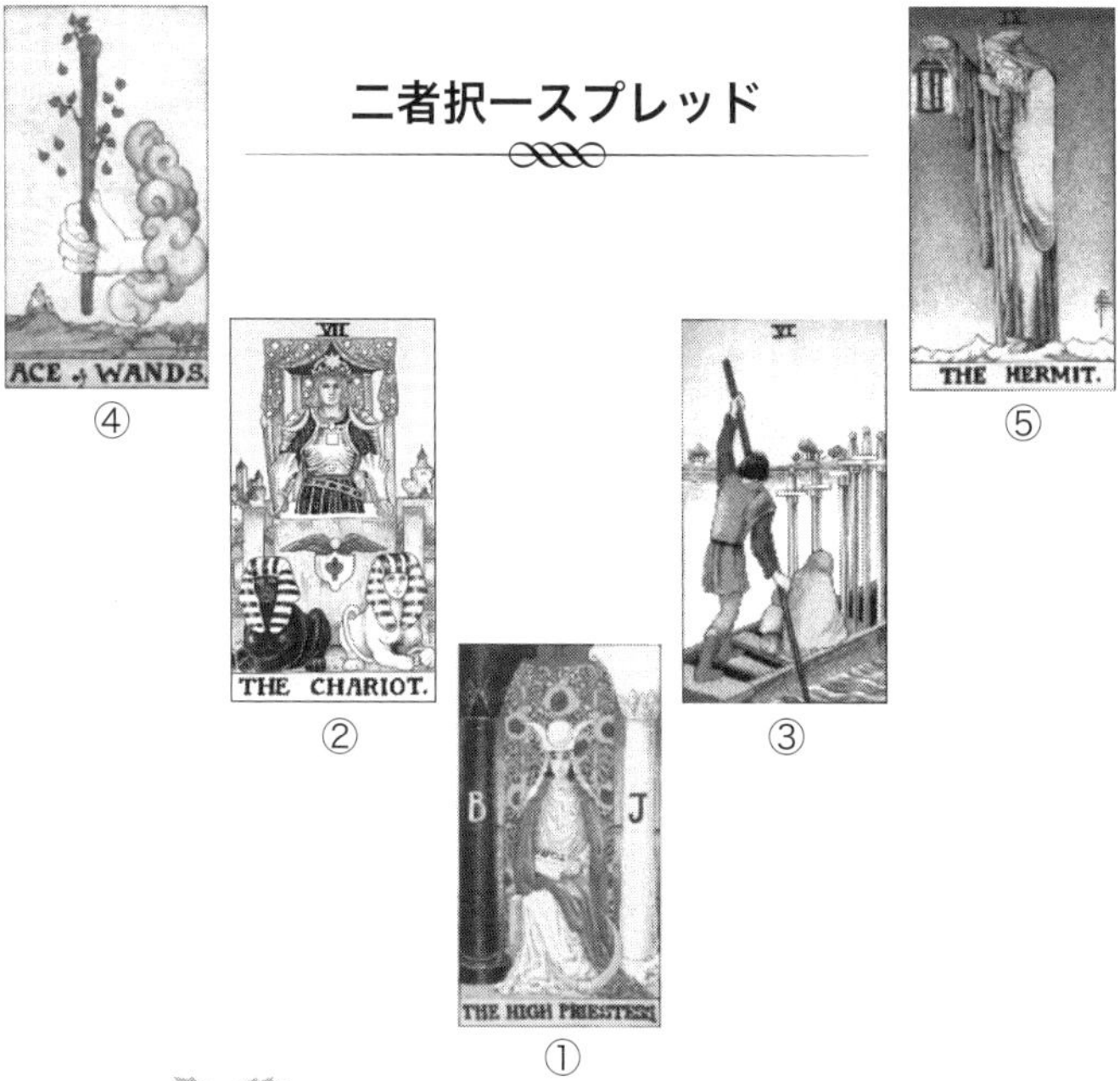

①質問に対しての現在の状況
②選択肢Ａを選んだ場合の近未来
③選択肢Ｂを選んだ場合の近未来
④選択肢Ａを選んだ場合の最終結果
⑤選択肢Ｂを選んだ場合の最終結果

スプレッドはワンオラクルの集合体！

1

まずは基礎から！
占い入門

電話占い師におすすめの占術と入門書案内

ここでは、電話占いにおいて特に実用性が高く、お客様の相談に答えやすい占術を中心に、いくつかの代表的な占術と学びやすい入門書をご案内します。推薦する図書はなるべく占い業界でよく知られていて、専門家からの評価が高いものを中心に選んでいます。中には古い本もありますし、より入門に適した書籍があるかもしれません。一応の参考までにお考えください。

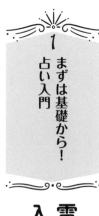

✦西洋占星術：西洋系の命術

古代バビロニアに起源を持つ、西洋社会で最も歴史ある占いです。牡羊座や魚座といった12星座占いは、西洋占星術の略式版です。その人が生まれた瞬間の実際の天体の位置関係からホロスコープと呼ばれる図表を作成して、性格や考え方、趣味嗜好な

西洋占星術のホロスコープ

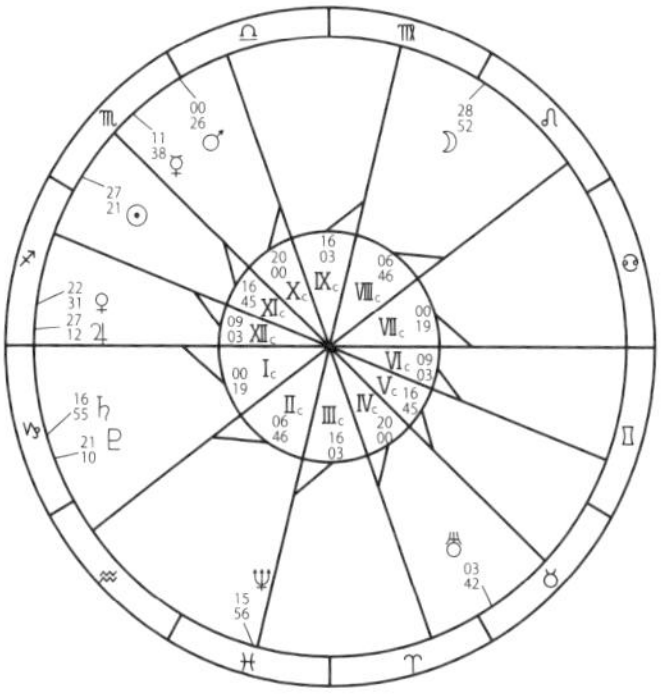

生まれた瞬間の太陽系の天体の実際の位置関係を計算して占う。
ホロスコープとは、「時間の見張り番」という意味である。

どといった人の内面を占います。学習者が非常に多く講座や書籍も豊富で、相性占いや時期予測などといった分野ごとの専門書まで刊行されています。

日本語の入門書ではルル・ラブア氏の『占星学』が不朽の名著で、多くの占星術師がこの本で基礎を学んでいます。近年発売された新装版に当たるのがよいでしょう。また、論理的な占いに興味があれば、石川源晃氏の『占星学入門』シリーズは非常に学びが豊富で有意義な入門書です。

ホロスコープの計算には専用のパソコンソフトを使いますが、今はブラウザ上で無料で使えるサービスもいくつかあります。

✦四柱推命《しちゅうすいめい》：東洋系の命術

陰陽五行説という中国の伝統的な思想を元にした占いです。万年暦と呼ばれる占い用の暦を使って、生年月日を十干《じっかん》十二支に変換し、「命式」と呼ばれるデータを算出してさまざまなことを読み取っていきます。四柱とは、生まれた年・月・日・時のことで、四柱推命本来の鑑定には出生時間が必要不可欠です。出生時間がわからないときには、これを省いた三柱で鑑定しますが、その際にはわかることが減ってしまいます。

占星術が内面に焦点を当てた占いであるのに対して、四柱推命はどちらかといえば運命や宿命に焦点を当てた占いであるといえます。人生の進むべき道を示したり、転職や結婚をするのに適したタイミングを指摘したりするのに向いています。

四柱推命の入門書としては、少し古い本ですが、三木照山氏の『四柱推命の完全独習』が内容的に充実している名著とされています。

また、近年の本では、盧恆立氏の書籍の和訳である『四柱推命鑑定術』がわかりやすく網羅的にまとまっています。これは占いの本の特徴かもしれませんが、データの紹介ページが多いため、本の厚さの割にはスラスラと読めます。

四柱推命と数秘術

四柱推命の命式

	年柱	月柱	日柱	時柱
干支	己亥	乙亥	辛酉	癸巳
蔵干	戊 甲 壬	戊 甲 壬	庚 辛	戊 庚 丙
天通変	偏印	偏財	-	食神
地通変	正財	正財	比肩	劫財
十二運	沐浴	沐浴	建禄	死

数秘術の計算

生年月日の各桁を、一桁になるまで足し算する

2019/11/20 → 12/2/2 →16 → 7

✦数秘術：西洋系の命術

数秘術とは、数が持つ意味による占いです。一般的に、生年月日を構成する数を使ってその人の宿命や性格、ものの考え方などを占う命術としての誕生数秘術がよく知られています。

数秘術が扱う数の意味は、西洋占星術やタロット占いなどの西洋の占いの根源的な原理に共通する考え方ですので、西洋の占いをマスターする際についでに覚えることができるのが強みです。

生年月日だけでなく、数字に還元できるものであれば何でも占いの対象にすることができます。電話番号や車のナンバーから、クジなどの番号選びに至るまで、あらゆる

ことを占えるのも面白いところです。また、アルファベットを数字に変換して数秘術にする方法もあり、西洋式の姓名判断に利用することができます。

これもたくさんの入門書がありますが、伊泉龍一氏と斉木サヤカ氏の共著『数秘術完全マスター・ガイド ナンバーで運命を切り拓く モダン・ヌメロロジー14のレッスン』が非常に網羅的で読みやすい本であると思います。

✦ルノルマンカード：西洋系の卜術

これは比較的新しいカード占いで、タロットカードとよく似ています。ルノルマンカードという名前は、ナポレオン妃ジョセフィーヌのお抱えだったことで有名な占い師である、マドモアゼル・ルノルマンから来ているのですが、実際には彼女がこの占いの作者というわけではありません。ルノルマンカードは36枚のカードでひとつのデッキを構成します。これらのカードを複数枚引いて、その組み合わせによってさまざまな意味を読み解きます。「中華」と「米」から「チャーハン」を導くようにして、カードそれぞれの持っている固有の意味をミックスすることが特に重視されます。

類似占術であるタロットカードが抽象的なイメージを呼び起こしてから具体的な解

『ルノルマン・カードの世界』付属のカード

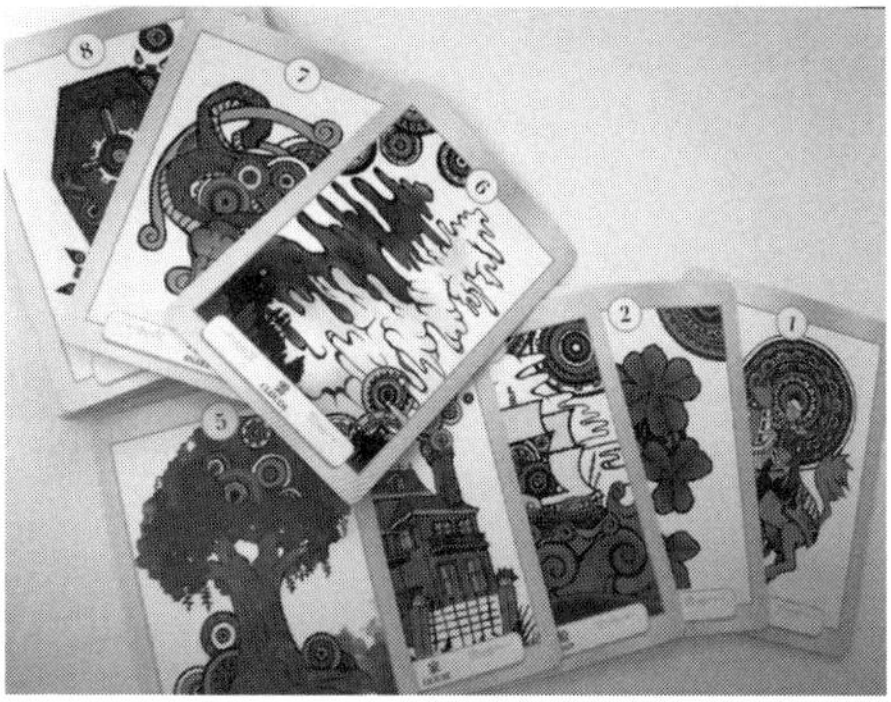

釈をしていく占いであるのに対して、ルノルマンの場合は最初からかなり具体的な答えを出す占術であるといえます。そのため、タロットカードで具体的な答えが出せずに迷っている人は、こちらに当たってみるのもよいかもしれません。

マーカス・カッツ氏とタリ・グッドウィン氏の共著『ラーニング・ルノルマン』は目を通すべき名著で、詳しく論理的に説明されています。また、桜野カレン氏と伊泉龍一氏の共著、『ルノルマン・カードの世界』も解説がわかりやすく、かわいらしいカードもついているので入門に適しているといえるでしょう。

✦易《えき》占い：東洋系の卜術

筮竹《ぜいちく》と呼ばれる50本の細い竹の棒を用いた占いです。筮竹を両手で広げて左右2束に分けて、そのときにどのようなバランスで分かれたかを元にして占います。筮竹がない場合には、コインやサイコロなどを使って占うこともできます。

占術のよりどころたる古代中国の『易経』が儒教の聖典になっているだけあって、占いの結果そのものに教訓が含まれています。非常に鋭い答えを出すことができる占術であり、昔からさまざまな「当て物」も研究されています。

易占いには偶然の結果だけを使う「周易《しゅうえき》」と、日付の五行と絡めて占う「断易《だんえき》」がありますが、電話占いでは知名度が高く、素早く占える「周易」がおすすめです。

入門用のテキストとしては、『黄小娥《こうしょうが》の易入門』が非常にわかりやすいと評判です。この本ではコインを使った占い方を紹介していますが、筮竹やサイコロを使った占いでもこの本の内容はそのまま使えます。また、易を学ぶならば原典である『易経』に触れることは必須です。岩波文庫から、高田真治氏と後藤基巳氏による翻訳本が上下巻で出ていますので、これはとにかく読んだほうがいいでしょう。

筮竹とは

筮竹

50本で一組の細い棒で、易占いにおいて偶然の結果を抽出するために使用します。

元々は材料に、蓍萩《めどはぎ》という植物の茎を使っていましたが、今日では竹が使われています。

両手で左右に分けたときの左右の本数という偶然の結果を利用した卜術です。
略筮法では、左手に残った筮竹の数を8で割ったあまりを八卦《はっか》に当てはめます。これを二度行なって六十四卦のいずれかを抽出します。

2 次は実践！占い学習

「占的《せんてき》」を絞って具体的に占う

占いに尋ねる質問のことを専門用語で「占的」といいます。これは元々は易占いにおける考え方ですが、現代では幅広い占いに対して使われます。

特に卜術に分類される占いにおいては、占的を上手に絞ることができるかどうかによって、占いの的中度合いに大きな影響が出ます。占的を上手に絞ることを占い学習の初期段階から意識していれば、学習の効率は非常によくなります。

✦「占的を絞る」とは質問を分析すること

自分のことを占うにしても、お客様のことを占うにしても、基本的に何か知りたいことがあって占いははじまります。この知りたいことを疑問文にしたものが占的です。

しかし、特に意識せずに投げかけられる相談は、往々にしてその内容が曖昧で、具体

「占的を絞る」とは

相談内容 「転職運はどうだろうか」

↓ 占的を絞る

占うべき事柄
- 現職はどういう状況にあるか
- 新しい職場はいつ見つかるか
- それは現職よりよいものなのか
- 今転職を考えるのが正解か　　など

性に欠けているものです。占的を絞るとは、占いに尋ねる質問をよく分析して、何を占えば相談内容に対する答えを出すことができるかを、具体的で明瞭にする作業であるといえます。

✦質問を分析して占いの計画を立てる

たとえば「彼と復縁できるか」という相談を考えてみます。仮にこの占的をそのままタロット占いのワンオラクルで占うと、引き当てたたった1枚のカードの解釈だけですべてを決めなければならず、情報不足になってしまう可能性があります。

そこで、相談内容に対して、より深く具体的な回答を出すためには、どのような情報があればよいかを考えるわけです。

この例でいえば、「彼の今の気持ちはどうか」「近未来の彼からの気持ちはどうか」「彼の今の状況はどうか」「そもそもの２人の相性はどうか」などといったことを占うと、かなり具体的な答えを出すことができそうです。

これが占的を絞るという作業です。絞った占的をひとつずつ占い、それらの結果を総合的に判断して復縁の可否を考えると、格段に詳細で高精度な占いができます。

もしも「彼が誰を指しているのか」など、相談内容に不明瞭な点があったなら、早めに確認しておきましょう。また占的を絞る段階で、それぞれの占的を、自分のレパートリーにあるどの占術で占うかを割り振って計画を立てておくとよいでしょう。

✦慣れればスラスラできるもの

占的を絞るという作業は、最初はとても難しく感じるかもしれません。しかし、テーマごとにある程度のパターンがあるので、慣れてくれば自然にできるようなるでしょう。相談を分析して占的を絞ることは、相談者の知りたいことを理解してコミュニケーションを深めるという視点からもとても大切なことです。

タロットのスプレッドは、占的のテンプレート

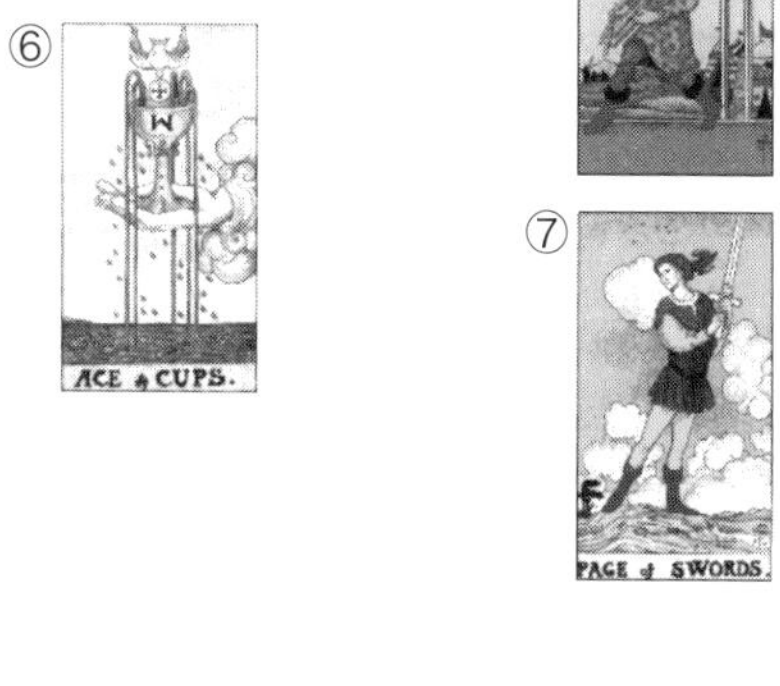

①相談内容の過去
②相談内容の現状
③問題解決の鍵や障害
④相談内容の未来
⑤問題に対する顕在意識
⑥問題に対する潜在意識
⑦今後の展開
⑧周囲の意見
⑨心配していること
⑩最終結果

これらを占えば、さまざまな相談に対応できる。
いわば、万能の占的リストといえる。

2 次は実践！占い学習

最高の実験台！自分のことを占ってみよう

占いをマスターするためには、何よりまず自分のことを占うのが一番です。自分のことを占えば、その占いが示す結果や気分を、身を以て体験することができます。

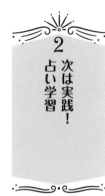

たとえば、恋人とケンカをした直後にどうすればよいかを易に尋ねて「天沢履《てんたくり》」を得たとしましょう。入門書で解説を読んで、それを実行した結果、なんとか仲直りをすることができたなら、「『虎の尾を履《ふ》むも人を喰らわず』。和らいだ態度で接すれば危機を回避することができる」という天沢履の意味がよくよく身にしみて、一生忘れられないくらい記憶に定着することでしょう。

占星術などの命術についても、自覚している自分の性格や能力と照らして、その星が持っている意味をリアルに理解することができます。また、運のよい時期や悪い時

まず、自分を占う

期も自分の日記や過去の記憶と照らして理解することができます。

✦自分占いでも占的を絞る

自分のことを占う場合には、占的を絞ることを特に意識しましょう。占いを覚えたてで、自分のことを占う場合には、次から次へとやりたくなるものです。

占いの練習という意味で、それは決して悪いことではないのですが、何を占っているのかが曖昧になってしまうことがあります。自分のことを占う場合であっても、占的をいい加減にせずに、なるべく多角的に占いをするように心がけると、よりよい訓練になります。

2 次は実践! 占い学習

占いノートを作って文章で結果を記録しよう

自分のことを占う場合には、結果をノートに残すことがとても大切です。特にこだわったフォーマットでノートを蓄積する必要はありませんが、ただのメモ書きではなく、なるべく専用のノートを作って記録するのがよいでしょう。

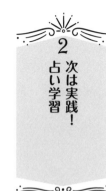

✦文章にすることで表現力が向上する

自分占いの記録をノートに書くことの最大のメリットは、占いの表現を磨くことができる点です。自分がその瞬間納得するだけの占いでは、カードの解釈にしてもホロスコープの読解にしても、頭の中の曖昧な答えで終わらせてしまうことがあります。後で読み返してもわかるような文章にまとめることで、どのように表現すれば人に伝わりやすい占いになるかを自然と考えるようになります。誰にも見せない自分用の

占いノートに記録すること

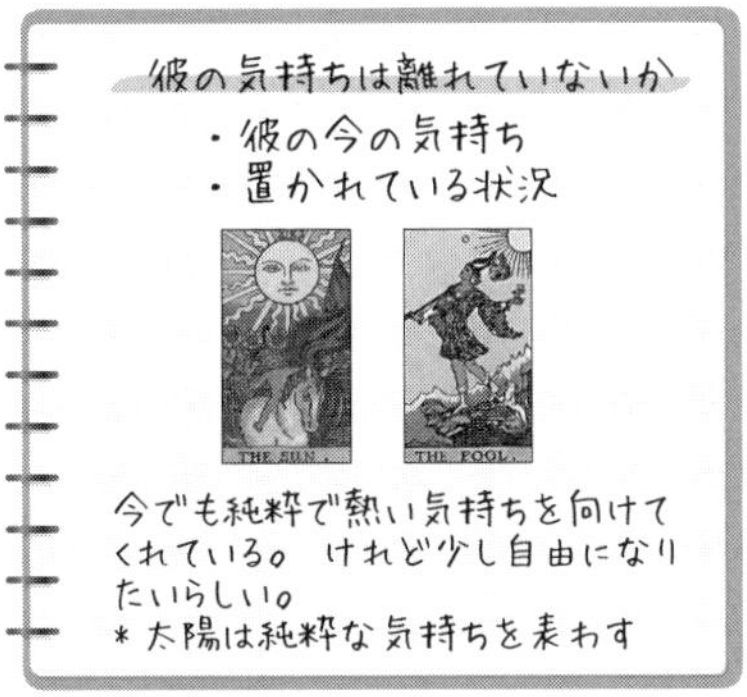
彼の気持ちは離れていないか
・彼の今の気持ち
・置かれている状況
THE SUN
THE FOOL
今でも純粋で熱い気持ちを向けてくれている。けれど少し自由になりたいらしい。
＊太陽は純粋な気持ちを表わす

ノートには、

・相談内容
・占的
・引いたカードやホロスコープ等占いの要素
・下した判断
・勉強したこと

を記録しましょう。

ノートであっても、第三者が見て意味がわかるような記録を意識しましょう。

✦当たり外れが明確になる

また、記録に残すと当たり外れを曖昧にせずに確認することができるのもメリットです。占いの解釈に迷ったとき、頭の中だけで占いを完結すると、結果が出た後で、無意識のうちに都合のよいほうの解釈をして、占いが当たっていたことにしてしまう場合があります。

占いの上達には、当たり外れを確認することも欠かせません。外れを記録に残すと、技術の上昇が早まります。

3

最後は慣熟！
占い武者修行

まずは友人や家族を占ってみよう

なんらかの占術の基本をマスターして、飽きるほど自分のことを占って自信がついてきたら、いよいよ練習を次のステップに進めて、人を占ってみましょう。

人を占うのは意外と緊張するものです。占いが全然当たらなかったらどうしようという不安もあるでしょうし、言葉がうまく出てくるかの不安もあります。筆者もプロとしてたくさんのお客様を占ってきましたが、今でも占いには一定の緊張感がありますそして実は、友人や知人を占うときには格別の緊張を感じます。

そうはいっても、この緊張感を乗り越えなければプロにはなれません。最初はノートを見ながらでもかまいません。占いが当たらなくたって問題ないでしょう。相手も大人なら、多少占いが外れていたとしても、それをからかって恥をかかせるようなことはしないはずですし、文句もいわないはずです。

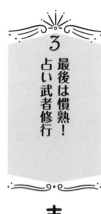

はじめて人を占うときの注意

影響力を意識する

占いの答えは、人生に影響を与える可能性もあります。自信がないうちは、なるべく重要なテーマは避けるようにしましょう。

強制しない

占いを聞くことを怖がる人もいます。喜んで聞いてくれる人だけを占いましょう。

✦最初は家族か友人に

占いをする対象は、最初から知らない人ではなく、ある程度気心の知れている人を選ぶことが大切です。自分のことほどではないにしても、ある程度相手のことを知っていれば占いは格段に当たりやすくなるからです。

また、占いの感想を率直に、ときにシビアに教えてくれるのも、気心が知れている人を占うことのメリットです。マジシャンは鏡の前で練習をすれば、間違いに気づくことができるそうですが、占いは人の目を通さないとわからない部分がたくさんあります。結果の構成や話し方に至るまで、照れずにいろいろ意見を求めましょう。

3

最後は慣熟！占い武者修行

占いは慣れがすべて！モニターを集めて実占経験を積もう

最初の段階では、占いがバンバン的中することはないと思ったほうがいいでしょう。ロジックを完璧に覚えた占術であっても、実占を重ねて自分のものにしていかなければ、頭でっかちな理論でしかないのです。

たとえば野球において、すべてのピッチャーに最適な投球フォームはありません。身長や体重、骨格などによってそれぞれのピッチャーが独自のフォームでボールを投げるわけです。それと同じように、自分のキャラクターやバックグラウンドを踏まえた、自分だけの占術の運用を見つけることが必要なのです。

占いを完全に自分のものにして、占いと一心同体になるために必要なのは、慣れることだけです。それ以外に方法はありませんし、変に工夫する必要もありません。難しいことは考えず、とにかく実占を重ねましょう。

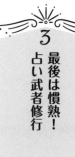

はじめて人を占うときの注意

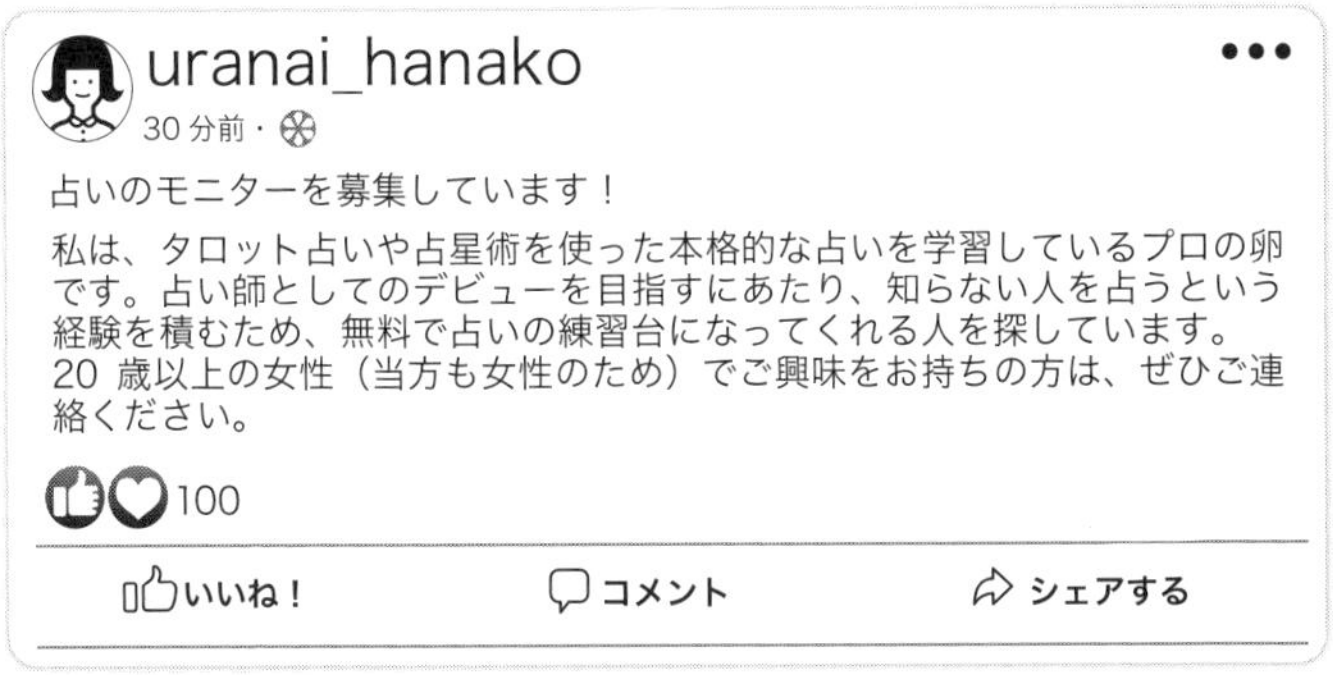
uranai_hanako
30 分前・
占いのモニターを募集しています！
私は、タロット占いや占星術を使った本格的な占いを学習しているプロの卵です。占い師としてのデビューを目指すにあたり、知らない人を占うという経験を積むため、無料で占いの練習台になってくれる人を探しています。
20 歳以上の女性（当方も女性のため）でご興味をお持ちの方は、ぜひご連絡ください。
100
いいね！
コメント
シェアする

✦幅広い聞き手を集めよう

最初は友人や家族から占いの実占を積みはじめたとして、学生ならいざ知らず、社会人の場合はその相手にも自ずと限界が出てしまいます。同じ人をずっと占い続けることにも意味がありますが、それはいずれただの話し相手になってしまうものです。

知人からの占い師としての評価が安定してきたら、今度は知らない人を占うステップに進みましょう。

✦SNSでモニターを募集する

占いの聞き手を集める方法はさまざまありますが、現代ではＳＮＳを使って呼びかけるのがよいでしょう。「プロの卵が無料で占いをします」と呼びかけると、すぐに反応を得ることができるはずです。

このとき、たとえ自信があったとしても、知らない人を占う際には初回は無料で占うのが安全です。お金を払う場合とそうでない場合とでは、占いの受け手の反応はがらりと変わってきます。慎重すぎるくらいに少しずつ実占現場に慣れていくことが、楽しく占いを続けていくために必要なことだと思います。

✦音声だけで占ってみよう

ＳＮＳで無料占いを探している人にはいろいろな人がいます。占いを開始するまでのやり取りで嫌な思いをするようなことがあれば、その人からの依頼は断ってもかまいません。無料の段階ではまだ仕事ではありませんし、無料で見てほしいという人はたくさんいますので、無理をして精神をすり減らすのはやめましょう。特に女性の場合は、男性からの占い依頼はお断りしておいたほうが無難であるといえましょう。

そして、占いをするのに直接会う必要はありません。なにせ電話占いが最終目標なのですから、ＳＮＳで知り合った人はＳＮＳの通話機能だけで占えばよいでしょう。占いの基本は直接でも通話でも同じです。徐々に慣れていきましょう。

イベントへの参加もよい修行

人を占うことに慣れてきたら、手っ取り早くモニターを集める意味でも、イベントに参加してみるという手もあるでしょう。

占いのイベントだけではなく、フリーマーケットやグルメ系イベントでも、主催者にうまく掛け合えば、占いコーナを出店させてもらえる可能性があります。

イベント参加の注意点

- 大きなイベントよりも、小規模なイベントのほうが、参加させてもらえる可能性が高いでしょう
- ビジネスとして参加させてもらうという意識で、主催者に対しては丁寧な対応を心がけましょう
- 料金は、無料か 1,000 円以下にしましょう
- イベント出演は、占い師としての活動実績です。後々の宣伝のために写真を撮っておきましょう

3

最後は慣熟！占い武者修行

実際に人を占うときの注意点と占いのルール

占いに熟達すると、普通ではわからないようなことがわかるようになります。人の性格や考えていること、そして将来に起こることまでも、占術で簡単に見通してしまうことができるようになります。

それは素晴らしい技術ではありますが、その分、使い方を誤ると、相談者の不安や依存をあおってしまうおそれもあります。特に占いの技術を身につけたばかりのうちは、自制心を持って適切にコントロールすることが大切です。

占いをするときには、それが相手のためになる占いなのかをよく考えてください。

✦特に要注意な占いのタブー

占いをする上で、特にやってはいけないとされる最大のタブーは死期の予測です。

死期の予測は占いの禁じ手

遺産相続の問題

病気の治癒

介護の問題

などに関する相談を通じて、うっかり死期の占いをしないように注意しましょう。
お客様に悪気はなくとも、話の流れで死期の占いを含む質問を受けることがあります。

たとえそれが何十年後のことであろうと、占いで死期の宣告をすることは、他人の人生を狂わせる可能性を秘めています。相談者の死期はもちろん、その配偶者や親の死期についても、決して占いの対象にしないようにしましょう。

他人だけではなく、自分自身の死期を占うことも推奨できません。ルネサンスの時代を生きた偉大な占星術師ジェロラモ・カルダーノは、自らの死期を予言し、その予告の日に突然自殺を遂げました。自殺の理由はよくわかっていませんが、自らの死期を占ったことと無関係ではないでしょう。

生死に関する占いをしないことは、占い師が決して破ってはならない掟です。

✦無駄なトラブルを生みそうな相談は避ける

ギャンブルや探し物などをテーマにした占いも、無用なトラブルを引き起こすおそれがあるので慎重になる必要があります。

ギャンブルについては、占いの対象とすることで余計なトラブルを招くことが容易に想像できるでしょう。占いが外れた場合だけでなく、ルールの理解不足などによる伝達ミスで負けることもあり得ます。ギャンブルに熱くなりすぎる人は、負けたときの腹いせにどんな八つ当たりをしてくるかわかりません。

探し物や人捜しに関する占いも、プロとしてお客様を見る際には要注意です。こうした占いは、知らず知らずのうちに刑法上の問題に触れてしまうリスクがあるからです。たとえば探し物が誰かに盗まれているという答えが出てしまった場合に困ります。また、人捜しを占いに頼む状況は、そもそも相当な問題を含んでいる可能性が高いので要注意です。探している人が死亡していたり犯罪に巻き込まれていたりする可能性の他、相談者がストーカーで、逃げる相手を捜し回っているおそれもあります。

こうした高リスクなテーマ、公序良俗に反するテーマの相談は、多くの電話占い会社が利用規約で禁止しています。デビュー後は会社の方針に従いましょう。

協会のガイドラインを参考にする

JFCA
一般社団法人
日本占いコンテンツ協会

占い師が守るべき心構えは、電話占いの大手企業も多数参加する、「日本占いコンテンツ協会」のガイドラインが参考になるでしょう。鑑定の不当な引き延ばしや、不安をあおる行為、新興宗教への勧誘をしないことなどが勧告されています。

✦占いを押し売りしてはならない

とても基本的なことですが、占いを聞きたくないと思っている人に強引に占いの話をするのは控えましょう。特に占術についての自信がついてくると、いかにも不幸な道を進もうとしている人を放っておけなくなることがあります。そんなとき、頼まれていないのにいきなり占いの話を持ち出すのは、社会通念上よくないことです。

また、占いを依頼されて話している最中にも、相手が相談していないことや、聞きたがっていないことを強引に伝えないように気をつけましょう。特に、聞かれてもいないのに配偶者の浮気を暴くといったことには慎重になるべきです。

3 最後は慣熟！占い武者修行

占いに必要なコミュニケーションの磨き方——話す力

占いの結果を正しく出すことができたとしても、それを正しく伝えることができなければ、占いが当たっていることも伝わりません。

占いの結果は、普通の日常会話ではなかなか出てこない切り口から語られることも多く、丁寧に伝えないと伝わらないことも多くあります。話の主語は誰なのか、そしてそれは過去のことなのか未来のことなのかを明瞭にするとわかりやすくなります。

✦具体的な例を出してリアルに話す

占いの答えを出す際に、例示をして具体的な話を心がけることはとても効果的なことです。占いが示す答えは、ときとして抽象的で漠然としたものになりがちです。感情や状況を、有名な物語のワンシーンにたとえたり、日常生活で頻繁に見かける類例

主語と述語をはっきりさせて、内容が明瞭な説明をする

誰がいつどうなるのか

誰のどの瞬間の感情がどんなだったのか

例 彼は、あなたが電話に出てくれなかったことで、「どうせ誰も俺のことなど愛してくれない」と、すねてしまったようです。

をあげたりすることで、占いがわかりやすく伝わるようになります。

大正から昭和の初期にかけて活躍した著名な占い師である中村文聡氏は、鑑定のときに「それはいいのです」と「それはいけません」の二言しか話さなかったそうです。

昭和の時代は、こういったシンプルな表現が好まれたようですが、最近の占いは、もう少し丁寧な解説が求められます。状況を理解して解決策を探ることが占いに求められるようになっているのです。

電話占いでは、必要な情報を省略せずに、たとえ少し冗長な表現になったとしても、占いの結果が正しく伝わるような意識を持って話すことが大切です。

3 最後は慣熟！占い武者修行

占いに必要なコミュニケーションの磨き方——聞く力

占いにおいては聞く力が大切であるというのは、これまでも折に触れて説明してきました。話を聞いて差し上げることで、お客様の満足を生み出すという側面がある一方、相談内容を正しく理解できなければ、占的を絞ることすらままならず、占いがまったくできないこともあり得るのです。

✦話を遮らないこと

会話を盛り上げる聞き方の鉄則は、相手の話に徹底的に耳を傾けることです。相手の話は途中で遮らずに最後まで聞きましょう。話を聞いてくれるという安心感が、お客様を饒舌にします。お客様が心を開いて本心を語ってくれれば、本当に占うべき問題点やテーマがしっかりと定まり、的確な占いができるようになるわけです。

占いに必要な「聞く力」

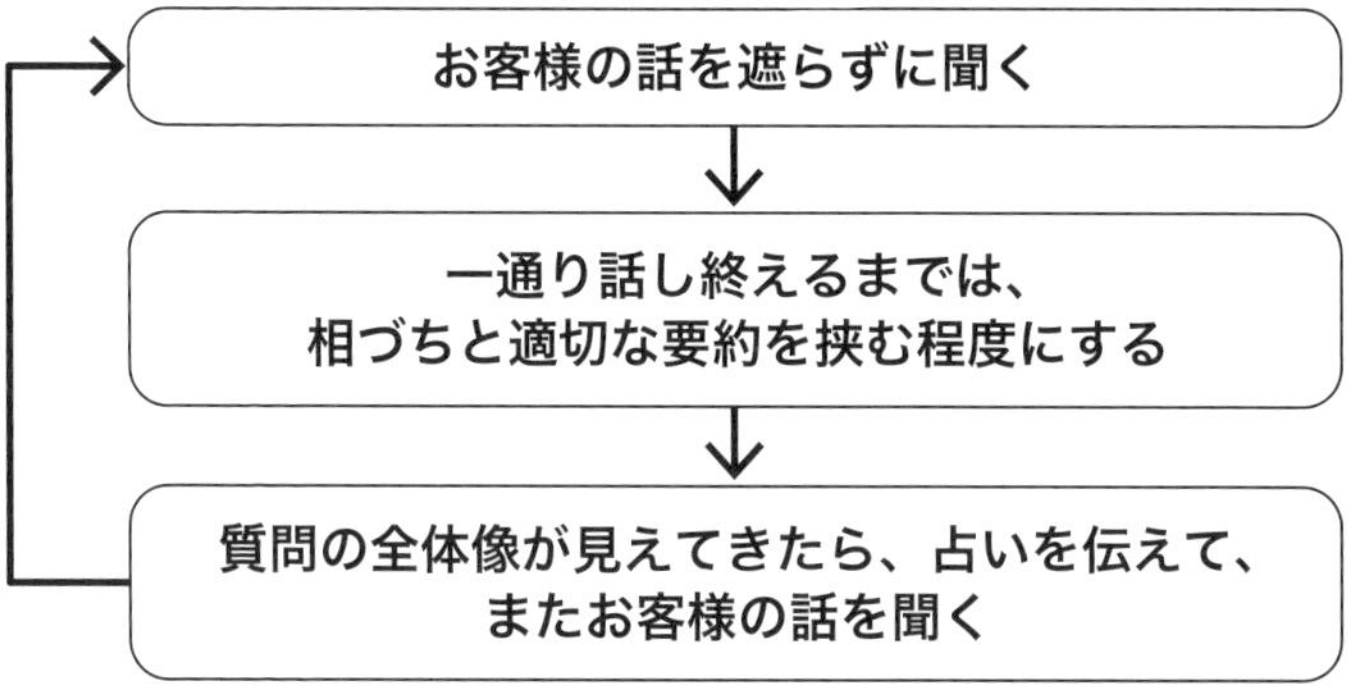
お客様の話を遮らずに聞く
一通り話し終えるまでは、
相づちと適切な要約を挟む程度にする
質問の全体像が見えてきたら、占いを伝えて、
またお客様の話を聞く

相手が話していることを理解していることを示すのも大切です。占いのお客様は、相談したい内容が完全にまとまっていない状態で占いを依頼する場合もありますので、お客様自身の考えを整理する意味でも、要所要所でお客様の話を要約して、内容を確認することが効果的です。

✦電話が聞き取りにくいとき

お客様の電波の状況によっては、通話が不安定になって、話の一部が聞き取れないこともあります。そんなときはわからないままにせず、必ず聞き返すことが大切です。また、電話では、こちらが声を小さくすると、相手の声が大きくなることがあります。

3章

電話占いデビューへの道のり

1 電話占い オーディションってどんな感じ?

審査員をお客様に見立てて占いをする試験

ひと通りの占いをマスターし、人を占う経験を積んで自信がついてきたら、いよいよ電話占いの世界にデビューして、実際のお客様とお話をしてスター占い師の階段を駆け上がっていきましょう。占いを十分にマスターすることが、電話占い師なるための最も大変な課題です。それを超えてしまえば後はそれほど難しくありません。

✦電話占い師は年中募集中

プロとして電話占いの世界にデビューしようと思うなら、電話占いサイトのオーディションを通過する必要があります。オーディションとはいっても、何人もの中から特別なひとりが選ばれるようなものではありませんので、身構えないでください。普通の仕事の面接との違いは、面接の内容が占いの実技試験だということくらいです。

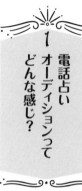

電話占いの選考過程の一例

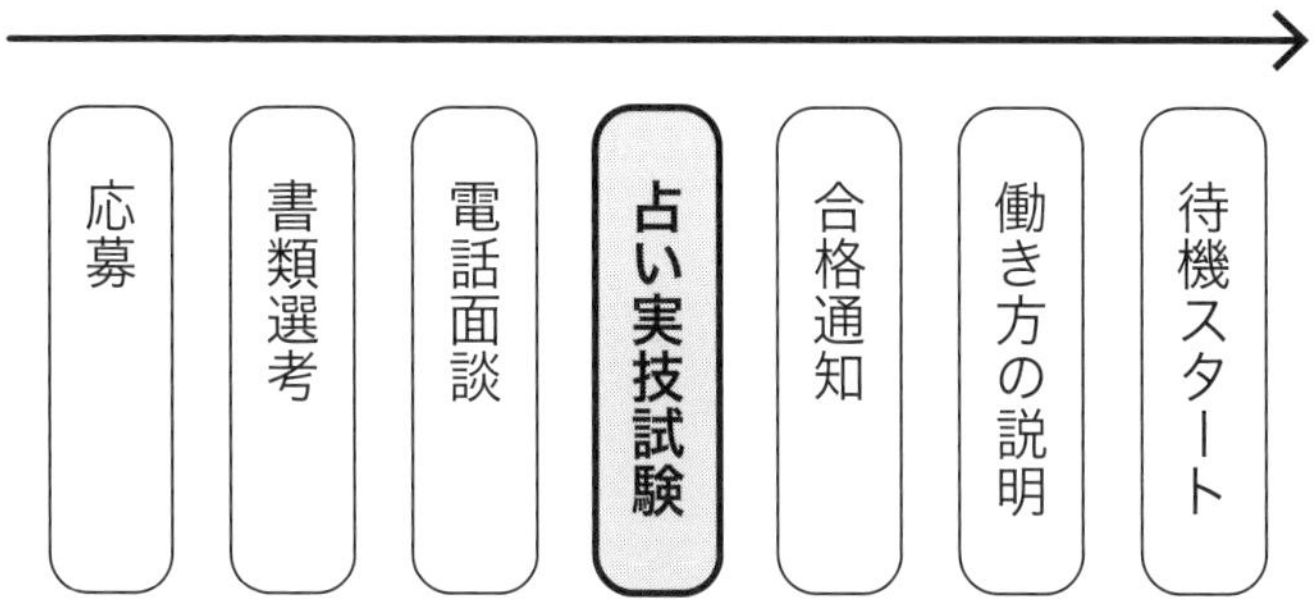
応募
書類選考
電話面談
占い実技試験
合格通知
働き方の説明
待機スタート

＊中には複数回の実技試験を行なうサイトもあります

大抵の電話占い会社では、通年で占い師の募集をしています。優れた占い師はどこの会社でも常にたくさん必要です。しっかり学習を積んだ新人占い師には、多くの会社が期待を寄せています。

オーディションのやり方は、会社によってさまざまですが、ほとんどの会社は電話口で完結します。ほんのいくつかのサイトでは、オフィスに招かれて面談を行なう場合もあるようですが、それは例外的です。

書類審査や普通の電話応対の試験が課されることもありますが、基本的に主戦場となるのは、試験官をお客様に見たてて占いをする実技試験です。

電話占い
1 オーディションって
どんな感じ？

採点基準は占いの当たり外れではない！もっと大事な項目とは

占いの実技試験では、お客様を占うのと同じような流れで試験官を占いますが、実はこの試験では、占いの当たり外れはそれほど重視されません。

もちろん占い師の採用試験ですので、占いが全然できていない場合には採用の対象外になってしまいます。しかしながら、人の性格や運命、気持ちなどに関する占いの当たり外れは客観的で公正な分析が難しいものです。また未来のことを占った場合などは、その結果の当たり外れがわかる前に合否を出すことになります。

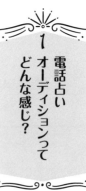

✦人間力が最重要

そういった事情もあり、オーディションにおいて、占いの当たり外れだけで結果が決まるということはあまりありません。現状の当たり外れについては、少なからず結

関係なさそうな質問にも正直に答える

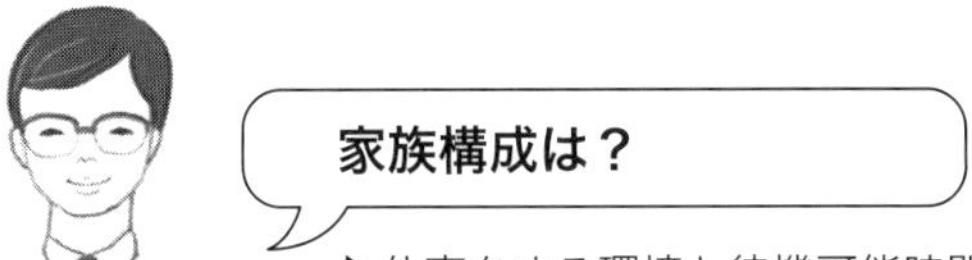

▶仕事をする環境と待機可能時間を探る質問

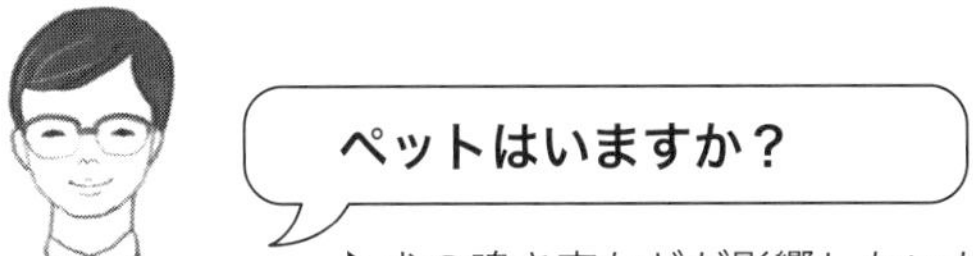

▶犬の鳴き声などが影響しないかを尋ねる質問

果に影響しますので、占いをおろそかにしてよいということはありませんが、オーディションでは、当たり外れよりも重視される項目があります。

それは人間力です。電話占いの主たるサービスは、電話を通じてお客様を元気にすることです。それができるかどうかは、占い師の人柄にかかっていると、ほとんどの電話占いサイトの運営は考えています。

電話占いは、話し上手な占い師のほうが結果を残しやすい傾向があります。明るくておもしろい話をする人だと思ってもらうことや、占い結果の説明がわかりやすい人だと思ってもらうことによって、合格の可能性は非常に高くなるでしょう。

✦最低限のマナーと常識

オーディションにおける採点項目は会社によって異なりますが、挨拶などの電話マナーや声の聞き取りやすさといった基本的な項目は必ず審査されると考えなければなりません。電話応対の一般常識はおさらいしておきましょう。

社会人としての良識を持っているとみなされることは信用を獲得する第一歩です。占い師という仕事は、信用されることが第一ですので、このような簡単にできるポイントはなるべく手堅く押さえておきましょう。

✦傲慢だと思われないこと

人の運命を占い、アドバイスを与えるからといって、占い師が傲慢になることはまったくよくないことです。丁寧な会社の場合、オーディションの段階で受験者を「先生」という敬称で呼ぶ場合もあるでしょう。先生と呼ばれることに慣れていないと、それだけで偉くなった気がしてしまいますが、謙虚な気持ちを忘れないでください。

お客様を占う場面では、親しみを込めてある程度ラフな雰囲気を演出することもあるかもしれませんが、試験のときは占い中も常に敬語を使うようにしましょう。

見落としがち？ 絶対忘れたくない一般マナー

□会社から電話が来る場合は、３コール以内に取る

□開始時間は秒単位で守る

□ビジネスでは「もしもし」は使わない

□電話がつながったら、占い師名を必ず名乗る

□相手が名乗ったら、様づけで繰り返す

□「よろしくお願いします」と明るく伝える

□丁寧な言葉遣いを終始心がける

□鑑定時間の指定があれば必ず守る

□最後は「ありがとうございました」と明るく締めくくる

□合否をその場で尋ねない

電話占い
1 オーディションって
どんな感じ？

その後の運命を左右するオーディションでの点数

電話占いのサイトで活躍していくことを考えると、オーディションの結果は合格と不合格の二種類だけではありません。ギリギリの点数でなんとか合格した場合と、審査員を驚かせるような圧倒的な力を発揮して高得点で合格した場合では、デビュー後の扱いや立ち位置が全然違うものになる可能性があります。

✦サイトの運営者は自信を持っておすすめできる占い師をイチオシする

ビジネスとして当然のことではありますが、企業は売れると思う商品を売り込みます。電話占いというサービスは、形のある商品ではありませんので、占い師の持っているサービスの力を客観的に分析する手段は限られています。オーディションでの成績は、数少ない占い師の力を判断する材料ですので、デビュー時に宣伝に力を入れる

オーディションでの評価の一例

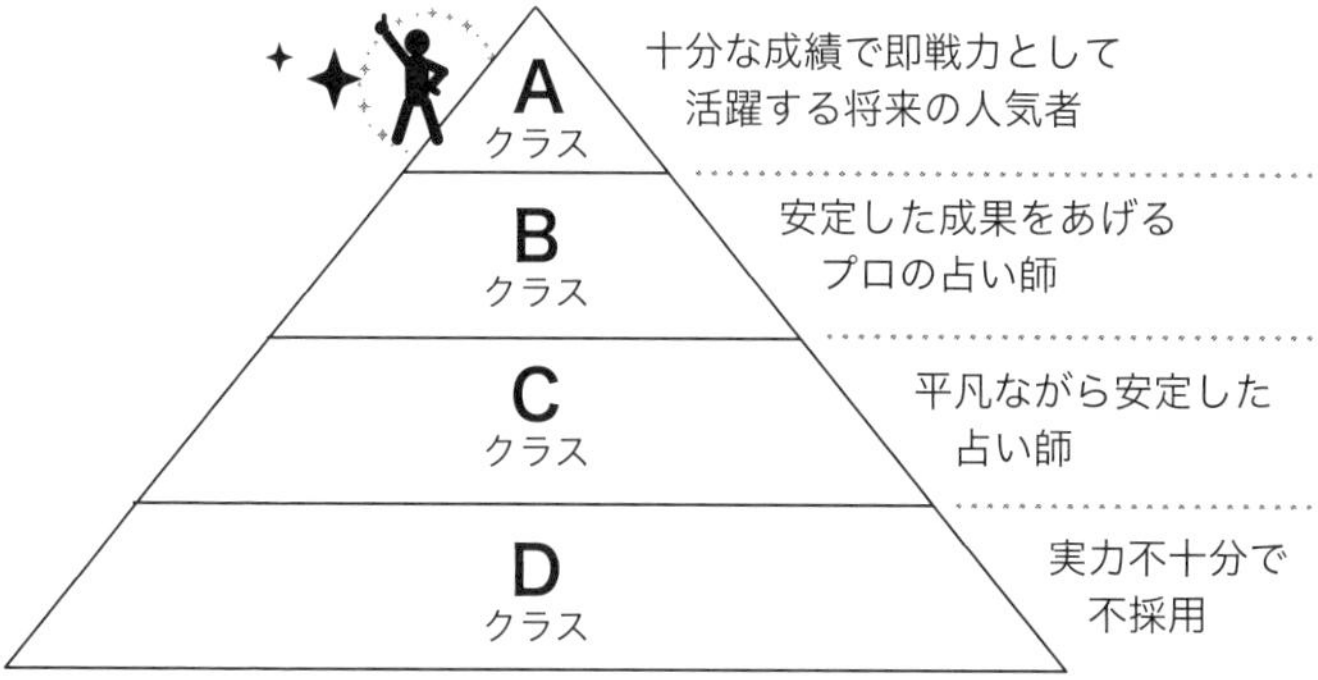
A
クラス
十分な成績で即戦力として活躍する将来の人気者
B
クラス
安定した成果をあげるプロの占い師
C
クラス
平凡ながら安定した占い師
D
クラス
実力不十分で不採用

かどうかを決める上で、とても重要な意味を持っていると考えなければなりません。

もちろん、これまでの実績や紹介者の有無などによって評価が定まる部分もありますが、占い師としての第一歩を歩み出す場合には、オーディションの成績でしかアピールできませんので、少しでも高い評価を獲得したいところです。

✦サイト側のプッシュで決まること

電話占い師としてデビューした際、会社がプッシュしてくれるかどうかによってスタートダッシュの勢いに少なからぬ差が生じます。

会社によってさまざまですので一概には

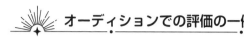

言えませんが、会社のプッシュ度合いが現われやすい項目のひとつは、サイト上で写真が表示される順番です。どうしてもサイトで上位に表示されている占い師のほうが、お客様の流入が多くなりますので、これは今後の活動に大きな影響が出ると考えなければなりません。

✦安心してプッシュできる占い師がほしい

お客様からの問い合わせに応じて、相談内容に適した占い師を推薦するコンシェルジュサービスのようなものが、大手の電話占いサイトを中心に導入されています。これには、すでに並びがいっぱいの看板占い師だけではなく、お客様からの満足を獲得する可能性が高い新人の占い師にお客様の流入をもたらす、という側面もあります。

運営側としては、安心してお客様に推薦できる優秀な占い師はどんどんプッシュしたいのです。人気が出そうな占い師は、どうにかしてお客様の目につくようにして、スター占い師として育てていきたいと考えているわけです。

サイトの運営が推薦したくなる占い師

安定した力を持つ占い師

運営がわざわざコンシェルジュで推薦した占い師が全然ダメだった場合、サイトそのものの評価に直結してしまいます。安心して推せるような、自信と実力に満ちた勤勉な占い師が推薦しやすいようです。

人柄のよい占い師

同様に、人柄が横柄であったり傲慢であったりするような占い師をイチオシした場合には、サイト全体の印象が悪くなる恐れがあります。とにかくいい人を推薦しておけば、その点の間違いはありませんので、人柄のよい占い師も重宝されます。

十分な待機時間がある占い師

基本的に、待機時間があまりにも少ないと、運営としてはプッシュしにくいものです。お客様が増えてもさばききれる時間がなければ、プッシュが無駄になってしまうからです。

2 相手を知って予備知識を深めよう

実技試験は占い師か運営者が試験官

オーディションで占いをする対象になる実技試験官の素性は会社によって異なりますが、往々にしていえることは、一般のお客様がモニターとして参加しているわけではないということです。基本的に試験を担当する人物は、電話占いに関する専門性を持っている人物です。運営会社の社員かサイトに所属する占い師が試験官を担当している場合がほとんどです。

✦相手がプロであることを意識しつつ占う

オーディションの舞台に立つまでは、基本的に占いの専門家ではない人たちを占ってくると思いますが、オーディションの相手は占いのプロです。知識が中途半端な分野については知ったかぶりをしないようにしましょう。

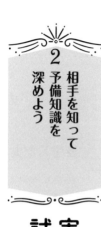

試験官のパターン

運営スタッフ

アルバイトではなく、それなりに高い地位にあるスタッフが担当します。

占いについてもある程度勉強していますので、占術の専門分野について適当な知識でごまかすことはできないと思ったほうがいいでしょう。

お客様からのクレームが生まれない人柄を重視しやすい傾向があります。

所属占い師

それなりの経験を積んだ中堅以上の人気占い師で、運営からの信頼が厚い人物が担当します。

占い対する謙虚さに欠けた、お高くとまった態度には、厳しい評価が下りやすくなります。

新人占い師をライバル視したり、才能に嫉妬したりすることは絶対にありませんので、堂々と全力を発揮してぶつかりましょう。

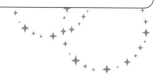

2 相手を知って予備知識を深めよう

占い愛！占いを大切にする新人は高評価!!

実技試験官がどのような素性の人であっても、占いのサービスに携わって生計を立てている以上、占いに対して真剣で真面目に取り組んでいる人に好意を抱くのは、当然のことといえます。

特に占い師が試験官であった場合には、占いの当たり外れにかかわらず、一生懸命に勉強している人には高い評価をつける傾向があります。占いのプロとして、占いの技術に敬意を持っている新人に同調的になりやすい傾向があるといえます。

それには、占術を正しくマスターすることが安定した的中とお客様からの評価に直結するという単純な理由もあります。いずれにしても、実技試験においては占いに対する愛を伝えることがとても重要です。

中には、自分の天性の「霊能力」だけですべてを見通すことができると豪語しすぎ

霊感占いと占術、試験における着眼点の違い

霊感占いの場合	占術の場合
情報をあまり与えられずに、現状を読み取る力をシビアに見定められる。	占術に必要な情報を与えられた上で、占術の勉強の深さを中心に判定される。

て、評価を落としてしまう人もいますので、注意が必要です。

✦占いのマナーやモラルも大切

イギリスの偉大な占星術師で、英国占星術協会の設立にも携わったジョン・アディーは、占い師の真の敵についてこのようなことを言っています。

「占星学に対する真の敵対行為は、占星学の知識のない無知な人々の批判ではなくて、占星学の知識を持っていて日常、占星学を業としている一部の同志が、無理解で不注意な言動をするためなのである」（石川源晃『演習占星学入門』より訳文を引用）

これは現代の占い師にも共通の認識であるといえます。占い師を名乗った人物が適当な仕事をすることは、回り回ってすべての占い師にとっての損失です。

特に自分と同じサイトで働く占い師ともなれば、その影響は極めて直接的なものになります。ですから、占いに関するタブーを犯してしまうことや、占いに対して不注意な言動をとってしまうと大きな減点要素になるのです。

✦独善的になりすぎず、ほどよい愛を示す

反対に善良な心で占いにあたり、占いの文化を大切に思っている人に対しては極めて好意的な気持ちを向けるものです。

しかしここにも難しいところがあり、自分の占術に対して、それだけが宇宙の真理であるというような態度を取りすぎると、これもまたよくないおそれがあります。もしも試験官が四柱推命の専門家だったとして、「紫微斗数《しびとすう》ほど当たる占いは世界にない」と豪語してしまえば、相手を否定することにもなるのです。占いの業界においては、他者の占術を真っ向から否定しないことが慣例です。

占い全体に対しての広い理解を示すことが大切です。

評価されること・されないこと

評価される＝積極的にすべきこと

・占いに対しての愛を持つこと

・自分の占いだけが唯一の真理と思わず、
　他の占い師に対しての敬意を示すこと

・占いの勉強を続ける意思を示すこと

・試験官に対して過度に遠慮せず、
　占いの結果を的確に伝えること

GOOD

評価されない＝控えたほうがいいこと

・占いそのものを否定すること

・「占いなど簡単だ」などと斜に構えた発言を
　すること

・他の占いを積極的に否定すること

・占いのタブーを破ること

・なんでもわかると豪語しすぎること

BAD

善良なサイトとそうでないサイトの見分け方

世の中にはたくさんの電話占いのサイトがありますが、残念ながらそのすべてが善良なサイトであるとはいえません。もちろん、個人ごとの相性もあることとは思いますが、オーディションを受けるサイトを選定する際に参考になりそうな、サイトの見分け方を紹介したいと思います。いくつかの候補が絞れたら、次の点に留意して最終的な所属先を決定するとよいでしょう。

✦しっかり集客しているサイトを選ぶ

当然ではありますが、ちゃんと売れる可能性のあるサイトを選ぶことはとても大切なことです。中には、経営が苦しく、どんな占い師が所属したとしても集客に苦労するようなサイトもあります。

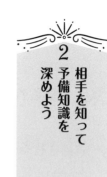

稼働率チェックのポイント

ピークタイムの稼働率

20時から翌2時くらいまでの時間が電話占いのピークタイムとされますが、この時間にぱっと見て4割稼働していれば集客できるサイトです。

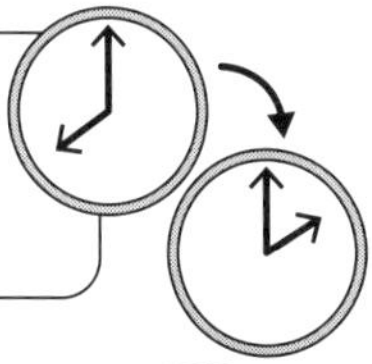

新人の稼働率

デビュー直後の占い師さんがいる場合には、何日か追跡して調べてみるとよいでしょう。ざっと6割近い稼働があればいいサイトです。

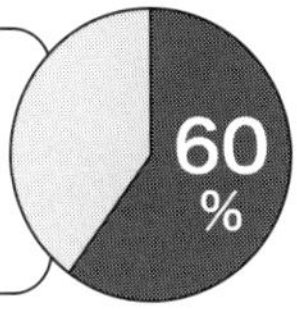

この見極め方は非常にシンプルです。多くのサイトでは、占い師が鑑定中かどうかが外からわかるようになっています。それを見て、鑑定中の鑑定士が多い稼働率の高いサイトを選ぶことで、集客性の低いサイトを回避することができます。

✦報酬は適切か

仕事をした際の報酬の設定が適切であるかどうかも非常に重要な着眼点です。

業界デビュー時の報酬が分給50円程度からスタートするのは仕方がないのですが、その後の報酬の増加が期待できるかどうかは重要です。電話占いだけで楽に生活をするには、分給70円くらいは必要です。

高額な報酬を提示しているサイトも多くありますが、なんらかの罠がないか、慎重に調べましょう。たとえば、報酬が高い代わりに、電話代を占い師に負担させる会社もあるのです。

待機時間の変更などの際に罰金を取るサイトや、お客様から料金を取らない無料お試しの際に占い師にギャラを支払わないサイトもあるようです。集客に自信があって売上が上がる優良なサイトでは、占い師がもっと大切にされます。このようなシステムで占い師から搾取する会社には未来がありませんので避けましょう。

このような報酬に関する詳細は、実際に担当者と話をしてみないとわからない場合もあります。選考の進行に合わせて、契約の前に問い合わせておきましょう。

✦待機時間のノルマなどがないか

サイトによっては、期間あたりの最低待機時間に、ノルマが課されている場合もあります。広告を打つ都合上、ある程度の待機時間が必要な場合もありますので、ノルマの存在が一概に悪いとはいえません。しかし、月に200時間の待機を求めるなどという激しい会社は避けましょう。ちゃんと集客があれば、そんなに働けません。

その他のチェックポイント

□事務局の電話対応が常識的か

□事務局が高圧的な対応をしないか

□不当にお客様をあおるような宣伝をしていないか

□シフトは無理なく自由に組めるか

□個人情報保護を徹底している様子があるか

□予定変更に柔軟に対応してくれそうか

□待機している占い師が極端に少なくないか

□鑑定料金は妥当な範囲内か

□ネットでサイト名を検索して悪評がないか

□占い師になんらかの金銭を要求しないか

□他のサイトと比べて有利な営業ツールがあるか

□独占禁止法に違反する過剰な拘束をしないか

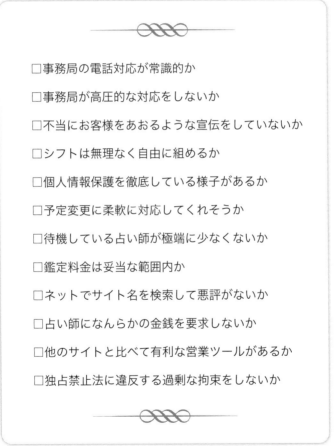

3 オーディションの傾向と対策をつかんで突破しよう

挨拶と声のトーンが8割

電話占いも、広い意味でいえば接客業に分類される仕事です。占いという特殊な分野の仕事であっても、お客様と接する以上、接客力は必要不可欠です。

お客様によっては、人柄などはどうでもいいから当たる占い師を紹介してほしいという方がいるのも事実ですが、会社としてサービスを運営する以上は、人柄を無視して提携占い師を決めるわけにはいかないのです。

✦第一印象は占いの信憑性にもつながる

これは筆者が試験官を経験して、強く感じていたことでもありますが、最初の挨拶の印象は、占い全体の印象に直結するものであるといえます。明るく朗らかな挨拶をなさる先生からは、占いに対しての自信を感じます。

ハイテンションで緊張を吹っ飛ばす

実際に十分な経験を積んで、人の役に立つ占いができるという自負があれば、挨拶の声は自然と明るくなるようです。

✦ハイテンションで緊張を払いのける

オーディションで占いをすることは、とても緊張することです。私自身、ブラッシュアップのために専門のコンサルタントを相手に模擬試験を受けたことがありますが、400人を試験した私でも、自分が受験者の立場になれば緊張するものです。

そんな緊張を打ち払うべく、第一声の挨拶でテンションを高くすることは、オーディションの雰囲気を自分のものにする上でもとても大切な意味を持ちます。

✦明るいトーンは七難隠す

明るい雰囲気でお話をしていれば、占いの内容に多少粗削りな部分があったとしても、それを感じにくくさせることができます。オーディションは緊張するものではありますが、逆にその緊張感をにじませずに会話を楽しんでいる雰囲気を出すことができれば、占いに慣れた上級者という印象を与えることができるのです。

オーディションで明るくふるまうためのコツは、シンプルですが相手の相談に本気で答えることです。オーディションだからそれらしい答えをしようとは意識せずに、相手に頼られて相談に乗っているのだと思うくらいの心構えで接すると、気楽に明るい雰囲気を演出することができます。

万が一、占いの内容があまり得意な分野でなかった場合には、なおさら明るく元気で押し切るようにしましょう。自信をなくして暗いトーンになってしまうと、いよいよ印象が悪くなってしまいます。

✦元気いっぱいの健康的なキャラクターアピール

明るい声でお話をすることで、健康的な占い師であるという印象を与えることがで

テンションが上がると占いも当たる！

ハイテンションの中、自信を持って元気いっぱいに占いをしていると、自然と言葉があふれてきます。
そのような状況で出てくる占いの言葉は、不思議とよく当たるものです。

きるのもプラスの材料です。電話占いで長く活動するためには、ある程度のメンタル力が求められます。

占い師になるためには、繊細な感受性を持っていることも大切ですが、お客様の言葉にいちいち泣いていては仕事になりません。気持ちをさっぱり明るくして、何事もポジティブに捉えることができる明るさを持った占い師は、運営側からも信頼されやすいものです。

できる限り、明るく楽しい笑い声があふれるような鑑定をめざしてください。試験の結果が経営陣で共有されるときに、明るいキャラクター性があることはプラスの材料になります。

3 オーディションの傾向と対策をつかんで突破しよう

トラブルを起こさないという安心感を与えよう！

オーディションにおいて最も大切なことは、明るくて常識的な好人物であることを示すことです。そのことが第一の優先事項になっているのは、率直にいえば、占い師の中には非常に個性的な人が多いという事情があるからです。

お客様と一対一で深く込み入った話をする電話占いという仕事においては、お客様を満足させることが一番大切なことですが、クレームを受けないのも大切なことです。そこでオーディションの段階で人物像をしっかりと見定めて、トラブルを起こす可能性の高い占い師を振り落としています。

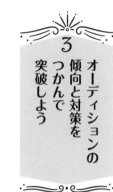

✦電話占いにおけるトラブルとは

ここでいうトラブルには、大きく分けると運営側との関わりに関連するトラブルと、

自由な仕事だからこそルールが大事

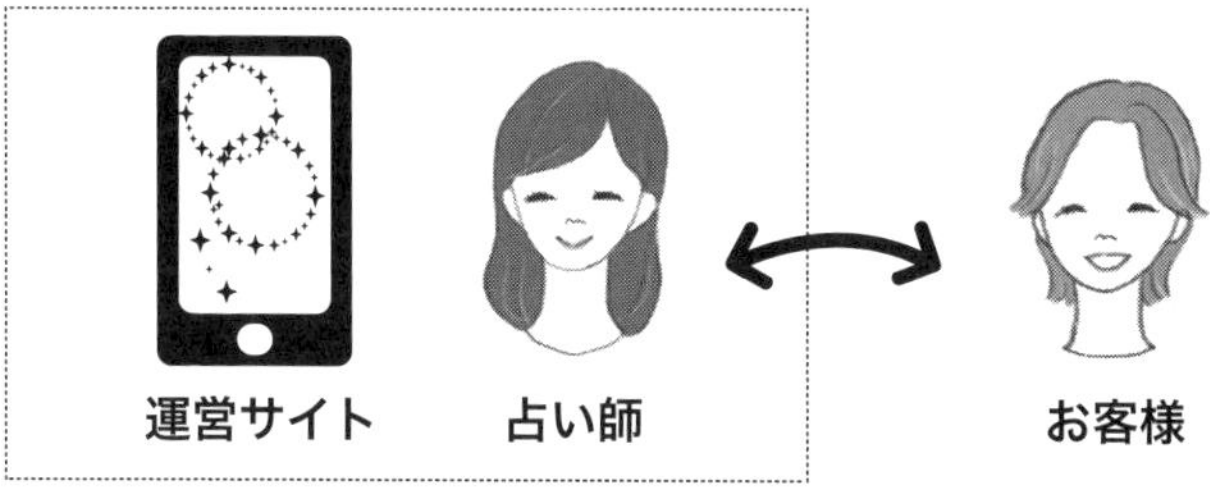

お客様は占い師のふるまいからサイトの
善し悪しを判断する

お客様との間のトラブルの2通りがあります。

運営側とのトラブルとしてしばしばあげられることは、遅刻や当日欠勤が多すぎることや、サイトのルールに従わずに勝手な行動を取ることがあげられます。

これらはどんな仕事においても問題になることですが、電話占いという仕事は在宅ワークであり、管理者の目が届きにくい仕事です。それゆえ、なおさらに所属占い師の規範意識の高さが求められるのです。

✦お客様とのトラブルの種類

お客様とのトラブルについては、もっとシンプルです。お客様と口論になることや相談内容と関係のないことをたくさん話すこと、不要な引き延ばしをすることなどが代表例です。その他にも、パワーストーンなどの物品の購入を強引にすすめようとする場合もトラブルと見なされるでしょう。

占い師は、電話占いの会社に雇われて仕事をするわけではありませんが、サイトの看板を使って業務を委託されるからには、サイトのルールを遵守する必要があります。

✦トラブルを起こさない人と思われること

オーディションにおいては、このようなトラブルを起こすことがない人物であろうという信用を勝ち得ることがとても大切です。とかく、会社側が定めているルールを遵守する占い師であることは十分に示しましょう。

小さなマイルールが結果に大きく響くかもしれません。オーディションの手続きややり方に関しては、細かいくらいにルールを守りましょう。

また、見落としがちなこととして、オーディションにおける鑑定時間の目安が定められている場合には、それを守ることも大切です。長く話をする力を見せることよりも、余計な引き延ばしをせずにルールに従うことのほうが大切です。

オーディションの流れを確認しておく

鑑定時間や相談内容

鑑定時間や相談内容などがわからない場合は、それを明瞭に確認しておくことが大切です。

仮に、鑑定時間が無制限であったとしても、よほどに相談内容が複雑でない限り、20 分程度に納めたほうがよいでしょう。無意味な引き延ばしをしないように、的確な占いを心がけることが大切です。

いきなり占いはじめるのか

電話がスタートした段階からお客様と占い師というスタンスでやるのか、あるいは挨拶が完了してから、仕切り直して占い師になるのか、はっきりしない場合もあります。事前に確認しましょう。

3
オーディションの傾向と対策をつかんで突破しよう

オーディションにおける占いの注意点

オーディション試験においては、これまで説明してきたように、占いの当たり外れよりは、人柄とコミュニケーション能力が重視されると考えていいでしょう。

そうはいっても、占いをすることが試験ですので、占いがどうでもいいわけではありません。オーディションで評価を受けやすい、占いの技術の示し方を紹介します。

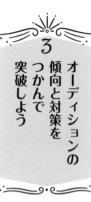

✦当てに行く気概を見せる

オーディションにおいては当たり外れが重視されないというのは、あくまでも結果として占いが外れたという理由だけで低評価にはなりにくい、という意味です。当たり外れの出る占いを避けて曖昧な言葉ばかりを選んでいいという意味ではありません。

占い師として、当て物にこだわる気概を持っていることを示すのは価値あることで

妥当な質問と微妙な質問

妥当 ←→ 微妙

- 相手の気持ちや未来など、占いの答えとするべきこと
- 相手のイメージなど、相談者の主観的意見
- 当然わかる状況確認
- 相談者が望んでいること
- 相談内容の補足
- 生年月日や名前

す。少し自信が持ちにくく、発言するべきか迷うような「わかったこと」があった場合には、逃げ腰にならずに強気に当てに行ったほうが得です。万が一外れたとしても減点にはなりにくいのですから。

✦質問はよく考えてすること

占いをするために必要な情報は、遠慮せずに質問しても大丈夫です。予備情報なしに当てることは、必ずしも必要な能力ではありません。むしろ、わからないままに見当違いな話をするほうがよくありません。

そうはいっても、あまり質問攻めにするのも考えものです。占いで出すべき答えまで質問しないように気をつけましょう。

3

オーディションの傾向と対策をつかんで突破しよう

これでバッチリ！書類落ちしない経歴の書き方

順番が前後しますが、選考過程で提出する経歴やプロフィールなどの書類についても考えてみましょう。占い師として表現したいキャラクター像がすでに定まっている場合には、それを意識してプロフィールを書くとよいでしょう。セルフブランディングの力があることを示すと、それだけでも高評価になります。

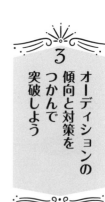

✦占い師としての経験は具体的に数字をあげて書く

プロフィールや経歴には、占い師としての経験をなるべく具体的に書きましょう。プロアマ問わずにこれまでに占いをしてきた人数は数字をあげて書くべきです。正確な数がわからない場合は概算でもかまいません。

占いの練習の過程でイベントに出演した経験があれば、その詳細も書きます。近年

どんな人か、どんな占いをするのか、興味を持ってもらえれば書類選考は通過する

- 十分な学習と実占の実績を示す
- 自分の占術の個性を示す
- キャッチコピーを考える
- 真面目で誠実な人柄を伝える

ではネット配信で無料占いを行なって実績作りをなさる方もいますが、そういう場合には、占った人数だけではなく、視聴者数も別途記載すると経歴に迫力が出ます。

占いについて勉強をしてきた軌跡を明瞭に伝えることも大切です。得意な占術に対しては、それを通じてどのようなことがわかるかも記すといいでしょう。特に人の気持ちがわかる占いは重宝されます。

✦嘘は実技試験で必ずバレる

どんなに経歴に自信がなくとも、嘘を書いてはいけません。経歴の長さに対して実力が伴っていなければ、伸びしろがないと思われてしまい、逆に評価が下がります。

✦占いの経歴は白紙にしない

占い師としてこれから新たにデビューしようと思っている人の場合は、書くべき経歴が少なくて当然です。とはいえ、占い師としての経験を「特になし」と白紙で出してしまうのでは、セルフプロデュースの力が不足していると思われてしまうでしょう。

占い師としての直接の経歴がない場合には、これまでの人生でしてきた他の仕事や出来事を占いと絡めて経歴にしてしまうことをおすすめします。

✦どんな経験も活かせるのが占い師という仕事の強み

たとえば人材業界で働いていて、キャリアに関する専門的な知識を持っているなら、それは転職相談に役立てることができる専門知識ですし、営業の経験があれば相手を納得させる話術を持っていることと結びつけることができるでしょう。

プライベートの経験も有効活用してください。恋愛の経験が豊富であるとか、恋について特別な一家言を持っているというのは武器になります。嫁姑問題や介護などの経験も、占い師としての仕事に大いに活かすことができるでしょう。

あらゆる経験を占いにつなげて自分の強みにすると、個性が発揮できます。

プロフィールの例

西洋の占いに強い興味を持ち、西洋占星術の専門書5冊を、タロット占いの本10数冊をマスターしました。

その後、より実践的な技術を学ぶために半年間にわたり、五十六謀星もっちぃさんからタロットのマンツーマンレッスンを受け、人の気持ちを読む占いについての専門的な占技を身につけました。

実占は、知人を多数鑑定した他、SNSでモニターを募集して、30人以上の見知らぬ人を占いました。

また、婚活のイベントで占いブースを出店させていただき、1日で14名の男女を鑑定しました。

自身の2度の結婚の経験を活かして、結婚に結びつく恋愛のアドバイスに特化した「縁結び系占い師」をめざしたいと思います。


占い学習期間は1年弱くらいで、それほど経験の深くない普通の主婦の方を想定しています。表現次第で自信アリな雰囲気が演出できます。

3

オーディションの傾向と対策をつかんで突破しよう

特別な個性を感じさせて最高ランクで合格しよう

占術についての学習をしっかりと重ねて、これまでに説明してきたことを守ってオーディションに臨んだなら、おおよその電話占いサイトのオーディションには合格するでしょう。それで晴れて電話占い師としてプロデビューです。

しかしながら、先述した通り、ギリギリの合格ではない素晴らしい成績で採用されると、その後の活躍もいっそう期待できます。

✦占いを完全に自分のものにして個性を発揮する

普通の合格者と最高クラスの合格者の最大の違いをひと言で言えば、占いを完全に自分のものにできているかどうかということです。

オーディションの受験者の多くは、占術の本で学んだ結果をそのまま伝えているだ

日常のすべてを占いに関連づけて、占いを完全に自分のものにしよう

□今日１日をタロットカードにたとえると何？

□映画の主人公の状況は六十四卦のどれ？

□今日の食卓のイメージは何座？

□オリンピックのメダリストを予想するには
どんな方法がある？

けで、自分の経験や人生観を占いの言葉に乗せることができていません。

もちろん、それでも占いは当たりますし、適切な答えを出して人を導くことができるでしょう。しかし、最高ランクで合格するには、その人にしかできない占いをすることが必要不可欠です。

多くの占い師を渡り歩いて耳が肥えているヘビーユーザーを満足させるには、他の人とは違う語り口や切り口を持っている占い師であることが強い訴求力になります。

試験官としても、毎日のように同じ占いを聞き続けていると、珍しい着眼点を持っている占い師に対しては、自然と好意的な気持ちになります。

4章

電話占いで売れ続けて生き残る

1 デビュー直前直後を乗り切ろう

基本的に在宅ビジネス！必要な道具と環境の注意点

オーディションに合格してデビューの日取りが決まったら、仕事をするための環境の整備にかかりましょう。鑑定に必要な道具は人それぞれ違いますし、電話占いに必要な電話機も、会社によってルールがさまざまです。ここでは、在宅で電話占いの仕事を快適にするための一般的なアドバイスをお伝えします。

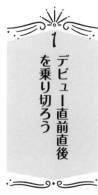

✦道具にかけるお金は回収できる

電話占いの会社の大半は、自宅に引いている固定電話に、専用のシステムを通じてお客様からの電話を転送し、占いを行ないます。また、会社によっては専用の携帯電話などが貸与されることもあります。

最初に取り組むべきことは、これらの機材を自分の鑑定スタイルに合わせてカスタ

その他、あると便利なグッズ

防音カーテン	鑑定環境によって必要があれば。カーテン1枚で外からの騒音は結構防げます。
デジタルメモパッド	ちょっとしたメモのシュレッダーが面倒なときに。
タブレット型の小さなのど飴	長時間の鑑定時など、緊急時ののどのケアに。筆者は「龍角散ののどすっきりタブレット」を愛用。

マイズすることです。たとえばタロット占いをする人にとっては、両手がフリーになるヘッドセットは必要不可欠です。

こうした機材は、家にあるものや会社から与えられたものを受け入れるだけでなく、いろいろ自分で調べることが必要です。

聞き取りにくい電話を長く続けることは、誰にとってもストレスです。マイクやイヤホンはお客様に伝える印象に必ずや影響を与えますので、納得できる品質のものを探すことが大切です。

万が一、鑑定の途中で壊れてしまった場合にも占いを中断せずにすむように、予備も買っておきましょう。

普通の鑑定ではテレビを聞くための片耳

の解放型イヤホンを使い、声の小さいお客様用には、音圧の高い密閉型のヘッドフォンを用意しておくこともおすすめです。こうした工夫は通話時間に影響しますので、投資した金額はすぐに回収できるでしょう。

✦机にはワクワクできるものを並べよう

電話占い師は、ずっと人と話している仕事ですが、作業部屋ではひとりきりです。ときには寂しくなってしまったり、モチベーションを維持するのが大変になったりするかもしれません。そんなことを避けるためにも、机の上やまわりにはワクワクできる楽しいグッズをたくさん集めておくといいでしょう。また、好きな言葉や格言、楽しい思い出の写真などを目につくところに飾っておくことも効果的です。

これらのごちゃごちゃした楽しいイメージは、モチベーションの維持だけでなく、鑑定の内容に幅を持たせることにもつながります。

占術はロジックが大切であるとはいっても、会話の中ではイマジネーションやインスピレーションも必要です。カラフルで楽しいアイテムが置かれている場所では、アイディアが刺激されてイメージがわきやすくなるそうです。

仕事場の参考例

机の天板はピンクで、ノートパソコンは
鮮やかなコバルトブルー

カラフルなライトが照らす幻想空間で、
占いの的中率も上昇！

1

デビュー直前直後を乗り切ろう

スター占い師になるためのプロフィールの作り方

3章では、オーディションを突破するためにサイトの運営者に提出するプロフィールの書き方について説明しましたが、ここではお客様に向けたプロフィールの作り方を説明します。オーディション時に作成する専門家向けのプロフィールと、お客様に向けたそれとでは、基本的な内容は同じでも表現の着眼点が多少異なります。

なお、ここではお客様向けのプロフィールを占い師がある程度自由に作成できるという一般的なサイトのルールを前提にしていますが、プロフィールは運営が作成するなどのルールがある場合には、そのルールに従うことが大切です。

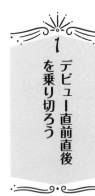

✦お客様に伝えるべきこと

お客様向けのプロフィールでより強く伝えるべきことは、自分がどのような種類の

所属サイトの人気占い師のプロフィールを参考にする

所属サイトで売れている人気占い師のプロフィール

・サイトについているお客様の需要

・分量や表現の雰囲気など

これらを参考にしつつ、差別化を図れる
自分の個性 を打ち出して目立ちましょう！

占いを得意としていて、どのような雰囲気を持っている占い師であるかということです。お客様からすると、電話をする前にどんな占い師なのかイメージがつくと、安心して鑑定を依頼できます。

電話占いで最も需要が高い相談内容のひとつは、人の気持ちを占うことです。自分がどのような方法で人の気持ちを占い、どのようなニュアンスのことがわかるかを詳しく記載することをおすすめします。

また、人柄を伝えるという意味で、なるべく誠実に、そして一読してわかりやすいまとまった文章で書くことを心がけてください。プロフィールが回りくどい占い師は、話もわかりにくいと思われてしまいます。

✦プロフィールは等身大に

等身大の自分のよい部分を的確に表現することが、プロフィールの最大の目的です。実物以上によい占い師であると思わせる必要はありません。

得意分野は本当に得意なことを中心に書いて、自分のブランディングを固めたほうがいいでしょう。逆にできないことをできると書いてしまえば、日々の仕事の中でできないことを求められ続けることになってしまいます。

✦写真は必ずプロに頼む

サイトに所属するときには、宣材写真と呼ばれる顔写真を自分で用意する必要があります。その際、写真はなるべくプロのカメラマンに撮ってもらうようにしましょう。

売れっ子占い師の多くはプロの撮影した写真を使っています。そんな写真に並ぶと、素人の撮った写真は見劣りしてしまい、占い師としても頼りなく見えてしまうかもしれません。プロの撮った写真は、それだけで占い師としての格をワンランク上げてくれます。電話占いの場合は、途中で写真が変わると、「いなくなった」と思われるリスクもありますので、最初からよい写真を使いましょう。

参考プロフィール

・占い師の○△でございます。プロフィールをご覧いただきありがとうございます。

私は、タロット占いと占星術を使い、人間関係を読み取る占いを得意としています。

究極の人間関係である恋愛については、相手の気持ちの強弱や、言葉や態度に表われない心の内に秘められた本心を探ることが得意です。

お相手の態度と本心が違うのではないかという心配をお持ちの方は、ぜひとも○△をご用命ください。

世の中のあらゆることには、人間関係の問題が潜んでいるものです。○△と一緒にその問題を解きほぐしましょう。

書き出しの挨拶などは、サイトの雰囲気に合わせるとよい

得意分野は細かく説明する

鑑定士名は、しつこいくらいに繰り返す

スターをめざすなら、自分の得意分野が最終的に汎用性を持っていることを示すべき

1

デビュー直前直後を乗り切ろう

スタートダッシュが肝心！最初にがんばって一気に顧客を獲得せよ

デビューから1ヶ月くらいの間は、注目度が高く新規のお客様がつきやすい状態になります。この期間にどれだけ多くのお客様を鑑定して、自分の魅力を伝えておくかがとても大切です。もしも時間や体力が許すなら、最初の月だけは多めに仕事のスケジュールを組んでもいいかもしれません。

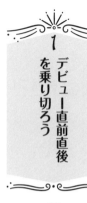

✦顧客のリターンは雪だるま式

電話占いのお客様は、占い師を気に入った場合は1ヶ月以内にもう一度かけてくれる可能性が高く、比較的リピートサイクルの短いビジネスであるといえます。

また、占いというサービスの、クチコミなど人からの評価によって信頼性が向上しやすいという特性も相まって、デビュー直後からリピーターを獲得して稼働率が高い

順調にいけばお客様は増えていく

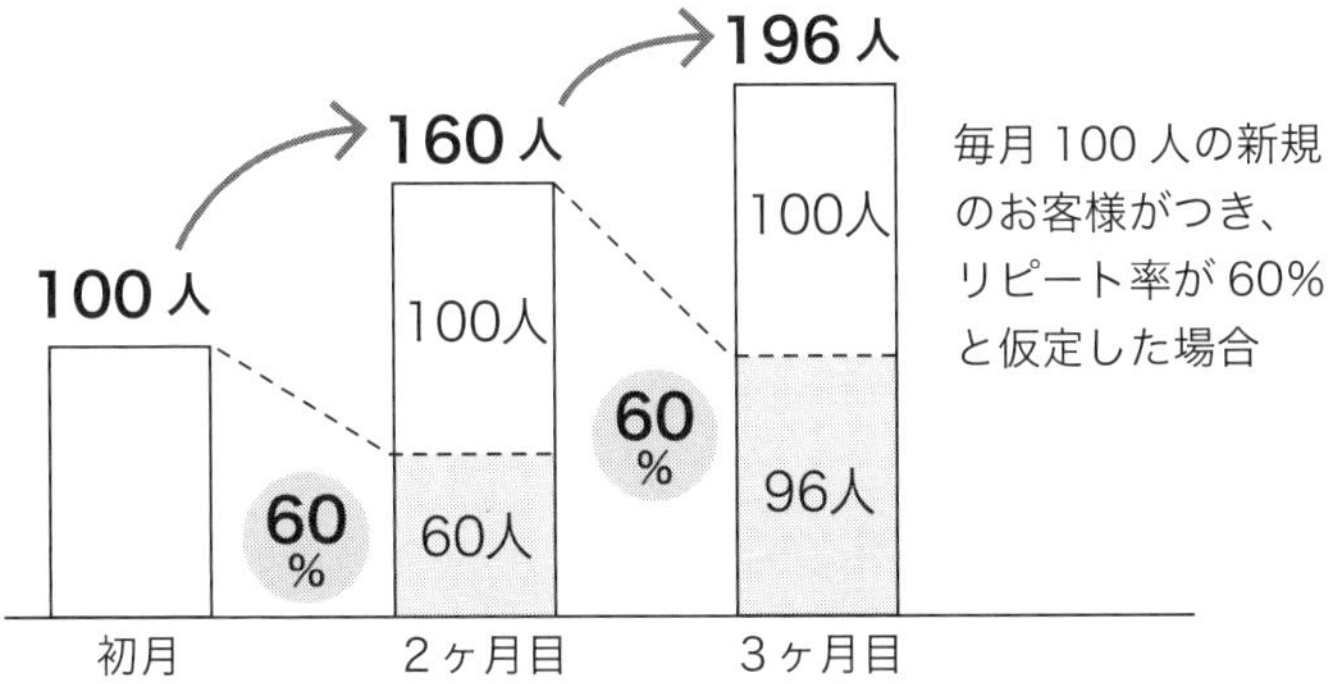
100人
160人
196人
100人
100人
60%
60%
60人
96人
初月
2ヶ月目
3ヶ月目
毎月100人の新規のお客様がつき、リピート率が60%と仮定した場合

ところを見せておけば、その稼働率が新たなお客様を呼んでくれます。スタートダッシュの段階で、人気がある占い師であるという印象を作ることが、その先の電話占い師としての成功を決定づけるといっても過言ではありません。

✦最初に稼いでプッシュしてもらう

　スタートダッシュに成功して、お客様をたくさん獲得すると、サイトの運営者は実力を深く認めてくれるでしょう。そうするとオーディションでの成績以上にさらによい宣伝をしてもらえるかもしれませんし、なんらかのキャンペーンやイベントが組まれることもあるでしょう。

1 デビュー直前直後を乗り切ろう

上手な賃上げ！　運営との交渉術

お客様を獲得して売上を増やすこともとても大切ですが、同様に運営と交渉してギャラを増やすことも大切です。1ヶ月経過して成果を十分に示していれば、報酬を交渉する権利があると考えてよいでしょう。

なかなかいいにくいことかもしれませんが、個人事業主として活動していく上で報酬の交渉をする力はつけたいものです。

✦運営との交渉は商取引

占い師に支払われる報酬は占い師の仕事の価格です。商品の品質が上がれば、あるいはその需要が増えれば、価格が上昇するのは当たり前のことなのです。これは、アルバイト先の時給を上げてくれるように交渉するのとは意味合いが違います。

運営と交渉する際の材料

- 待機時間を増やす約束をする
- 運営が求める時間帯に待機を増やす
- リピート率などの努力目標を定めて交渉する
- 他の占い師を紹介するなど人脈を活かす
- 運営にとって力になる、信頼できる人物像を示す

報酬の交渉は立派な商取引です。それゆえ、条件を出して報酬の上昇を願い出るのは決して間違ったことではありません。たとえば待機時間を増やすことを条件に報酬の上昇を願い出る、などはその王道です。

✦マナーを守ってしっかり交渉

サイトによっては、報酬の上昇には特定の規定があるかもしれません。そのような場合には、交渉しても規定以上の上昇は難しい可能性があります。

どうしてもギャラの上昇が必要な場合は、ウルトラCの必殺技として、報酬が上がらなければ他のサイトに移籍するという交渉もあり得ますが、諸刃の剣です。

2 心を「つかむ」接客の技術

電話でのコミュニケーションの基本はゆっくり丁寧に

電話占いでお客様の心をつかむためには、しっかりとしたコミュニケーションの力が必要です。占い師である以上、占いが当たることは当然に求められますが、それは経験と勉強を積んでいれば必ずできることです。他の占い師に差をつけるために、そして何より、お客様の心をつかむために、自分のキャラクターを活かした適切なコミュニケーションのあり方を考えましょう。

✦お客様が必ず聞き取れるようにゆっくり話す

占いの技術を学ぶと、話したいことがたくさん出てきます。お客様の話を聞いている間にも、占いを通じて出てくる答えがあふれ出すことは、優れた占い師であることの証拠です。しかし、そのあふれる言葉をガンガンぶつけるのでは、コミュニケーシ

お客様のペースに飲まれないこと

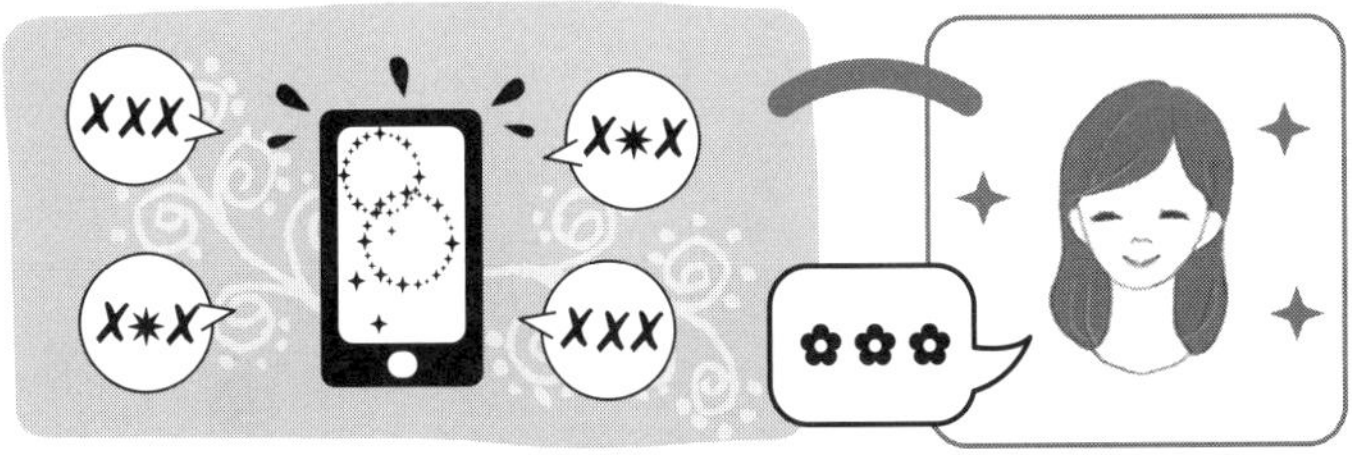

お客様によっては、鑑定をせかすように早口で質問をなさる方もいます。そんなときにも自分のペースで占いましょう。焦って占いの質が下がってしまえば、誰も得をしません。

ョン上手とはいえません。

会話のキャッチボールを意識して、相手の話に応じて質問に対する答えを出すこと、そして、それに対してのお客様の返答をしっかりと聞いて占いを伝えることを忘れないようにしましょう。

電話占いは1分ごとに課金されるサービスですが、それを意識して早口になってしまうのもよくありません。お客様の耳を置き去りにしてしまっては、本末転倒です。

お客様がリラックスして話せることを優先して、ときには隙間の時間を作りましょう。占い師の話が詰まっていると、お客様が話しにくくなります。

2

心を「つかむ」
接客の技術

どこまでもお客様に向き合って話を聞いてあげること

お客様の心には常に、自分の悩みを「聞いてほしい」という需要が存在しています。電話占いのお客様は、占い師の言葉を聞くだけでなく、他では誰にも話せないことを聞いてもらうために料金を支払っている場合が珍しくありません。電話占いの料金は、単純に話を聞いてもらうためだけのサービスとしては割高です。それでも相談者が電話占いのサービスを利用するのには理由があります。

✦他の人には話さず、電話占いを利用する理由を考える

お客様が悩みの聞き手として電話占い師を選ぶのは、占い師こそが誰よりも深く、相談内容と自分の気持ちを理解してくれると期待するからです。

電話占いにおける相談の内容は、「恋人からメールが来るのが今日か明日か」とい

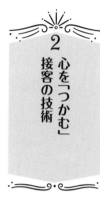

占い師にしか話せないこと

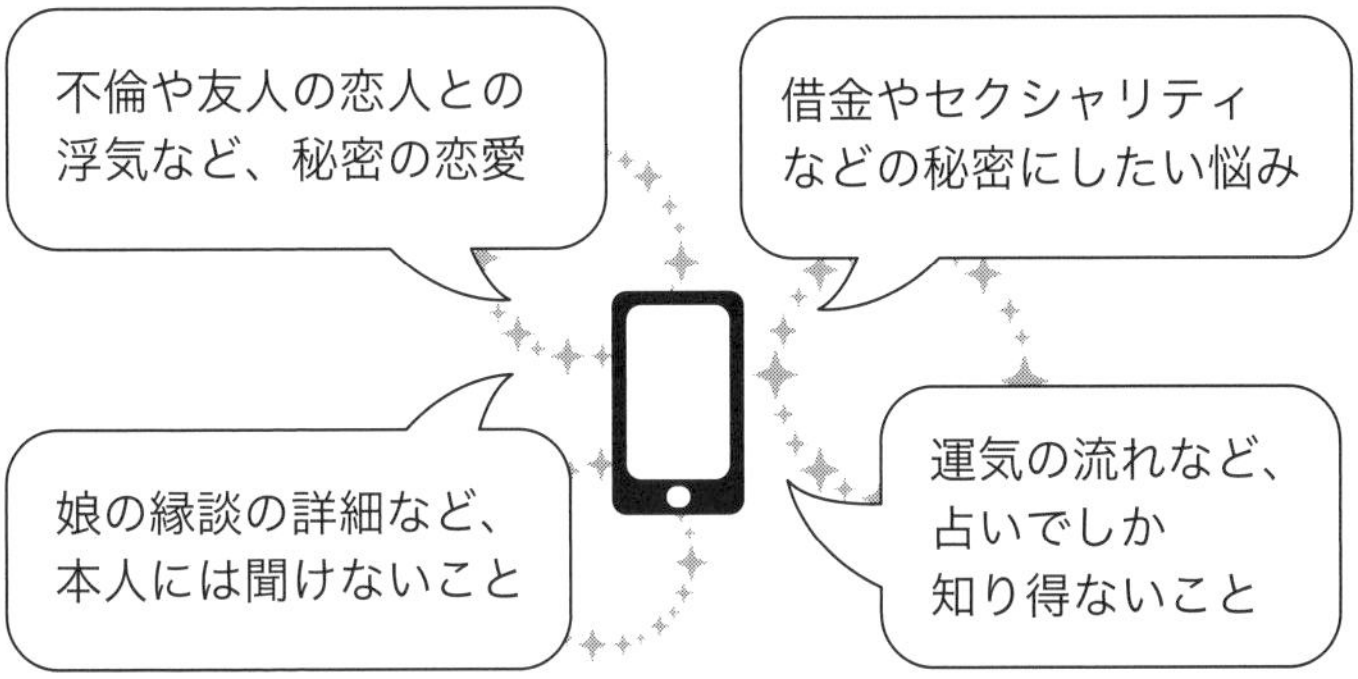
不倫や友人の恋人との浮気など、秘密の恋愛
借金やセクシャリティなどの秘密にしたい悩み
娘の縁談の詳細など、本人には聞けないこと
運気の流れなど、占いでしか知り得ないこと

ったライトなものから、「不倫相手の子供を身ごもったがどうするのがよいだろうか」などディープなものまでさまざまです。

両者に共通する、電話占いのお客様の根底的な気持ちは、「他の誰かに相談しても、自分の悩みとまともに向き合って話を聞いてくれる気がしないから、電話占いに相談している」ということです。これは友人がいるかどうかという問題ではなく、自分の悩みのポイントを理解した上で話を聞いてくれている人がいるかどうかという問題です。

前者のライトな相談の場合であれば、普通の友達に相談しても、「そんなことはどうでもいいじゃないか」と一蹴されてしまうかもしれません。しかし、もしもこの相談がのろけ話でないとするなら、その相手からの連絡が来るか来ないかを心配しながら過ごす一夜が、耐えがたい不安に満ちたものである特別な理由があるのかもしれません。その不安を、平和な恋愛しか知らない友人は理解できなくても、占い師ならわかってくれるかもしれないと期待しているから、電話占いに頼るのです。

後者のようなディープな問題に関しては、そもそも友人には相談しにくいことであるといえます。友人に相談したとしても、頭ごなしに否定されたり、教科書的で一般的な意見しかもらえないこともあるでしょう。

✦お客様はお見通しレベルでの深い理解を求める

自分の理解者として応援してくれる人に話を聞いてもらうことは、その人が特に難しい立場に立たされている場合にはなおのこと、温かく心強いものです。

先の見えない不安の中、誰も理解してくれない孤独を抱えた人が、かろうじて寄りすがる相手になるかもしれないという自覚を、占い師は忘れてはならないと思います。中途半端な一般論で拙速に理解しようとせずに、一人ひとりの人生にしっかり寄り添った深い理解と適切な共感を心がけて差し上げてください。

一般論に偏ってはいけない

× パターン・一般論に当てはめる

いろいろな相談を経験すると、この悩みの裏にはこんな感じの状況があるのだろうという、一般化されたパターンのようなものが見えてきます。それは占い師としての大切な経験値です。

しかし、過去の例をそのまま適用してすべての問題が解決するわけではありません。

▲

お客様の人生に寄り添った占いを

▼

○ 目の前の相談者にオーダーメイドの占いを提供する

占いは統計学のような無機質な学問で理解できるほどシンプルなものではありませんし、人の心はそんなに簡単に一般化できません。

目の前の相談者を、個性ある人間として尊重して丁寧に向き合うことでのみ、適切な占いをすることができます。

占いはすべてオーダーメイドであって、既製品のアドバイスで解決できることはないのです。

2 心を「つかむ」接客の技術

目標を共有して開運できる占い師になろう！

相談者が最終的に目標とするゴールを正しく共有することも、占い師として大切な仕事です。占い師と相談者の会話が進むにつれて、あるいは相談の回数を重ねて状況の変化が起これば、相談者がめざす未来は刻々と変わっていきます。

そうした相談者の目標を的確に捉えて、それを一緒に達成するために寄り添ってアドバイスを続けることで、開運できる占い師としてますますの信任を得ることができるでしょう。

✦めざすべきゴールが占い師の価値観と合うとは限らない

相談者がめざしているゴールがどういう方向であるかは、自身の先入観や価値観に縛られずに、常にニュートラルな視点で判断することを心がけなければなりません。

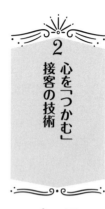

たとえば「気になっている男性が既婚者で、どうすればよいだろうか」という質問があったとします。実はこの質問は、この言葉だけを解釈しても相談者が本当に聞きたがっていることはわからないのです。「好きになった人が既婚者であるから、諦めるべきなのかどうか」を聞いているのか、あるいは「不倫になったとしても、どうにか既婚者の気持ちを引き寄せる方法はないか」を聞いているのか、これを適切に見極めていくことが、占いをする上でとても大切なことなのです。こうして相談者の気持ちに向き合って耳を傾けること自体が相談者の癒やしにもなります。

✦相談者の未来をよりよいものに

もちろん、相談者のめざしていることならなんでもゴールにしていいわけではありません。ときには、相談者の選ぼうとする未来の間違いを諫め、「冷静な立ち位置にいる知恵者」として、占いの目線からめざすべき未来を提案することも必要です。

大切なのは、相談者の意思としっかり向き合った上で、相談者の未来をよりよくする目標を定めることです。理解者でありながら、ただのイエスマンではない。それこそが、開運できる占い師ではないかと思います。

2 心を「つかむ」接客の技術

相談者が納得できない問題を一緒に反芻する

相談内容をよく理解して、問題の焦点を見極めて、達成するべき未来を手にするための解決策を出すというステップは、占いのひとつの理想形です。こうした形式での悩み相談に、不自由なくすらすらと答えることができるようになれば、占い師としての実力はすでに十分です。個別の占いにおける当たり外れはあるにせよ、占いの仕事で困ることはほとんどないでしょう。

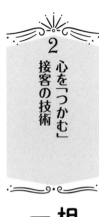

✦人生には解決できない問題もある

しかしながら、相談内容のディープさによっては、そもそも占いで解決することはできないであろう問題も存在します。

特に、「どうしようもなく無念な形で別れることになってしまった昔の恋人を忘れ

過去の反芻で納得するテーマの例

納得いかない形で終わった恋愛

✠ケンカして自分から振った彼が忘れられない など

ちょっとしたミスや努力不足で失敗した出来事

✠大学進学や就職における失敗 など

二択で迷った結果間違えた出来事

✠値上がりする株を売ってしまったこと など

ることができない」等の相談では、具体的な解決策やゴールを定めることが、必ずしも占いとしての正解ではないこともありま す。「昔の恋人を振り返っても仕方がないから前を向いていきましょう」という目標を提案することは、おそらく正しいアドバイスでしょう。しかし、そんなことは相談者もわかっているのかもしれません。

明らかにどうすることもできない問題に悩んでいる相談者は、先述した「深い理解をしてくれる占い師に話を聞いてもらいたい」という願望で電話をかけている場合もあるでしょう。

そういう場合は、わかってあげることそのものが解決策であるといえます。

✦人間は悩みの反芻動物

長く生きていれば、人生においてこれだけは納得できない、どうしても消化することができないという問題に直面することもあります。形としてはすでに解決して終わっているはずの問題であっても、心のどこかではまだまだ生々しく迷っていて、その問題が続いているように感じてしまうことは、珍しいことではありません。

こうした解決できない問題に対して、人は心のタイムマシンで過去に遡り、当時の様子を反芻して、自分なりの答えや納得できるポイントを見つけようとします。

過去のどうしようもないことを占いに相談したくなるのは、その出来事を振り返るにあたって、自分が見落としてきたことや、どうしてもわからなかったことを、占いの力でより深く理解したいからです。

✦反芻したい気持ちに応える占い

占いに尋ねた結果、今歩んでいる人生がこれでよかったのだと納得できれば、それが最善です。そうでなかったとしても、当時は他に選択肢がなく、最善の道を歩んだ結果が今であるとわかれば溜飲が下がるでしょう。最悪、過去の失敗が明らかになっ

過去の反芻におけるよい占いの例

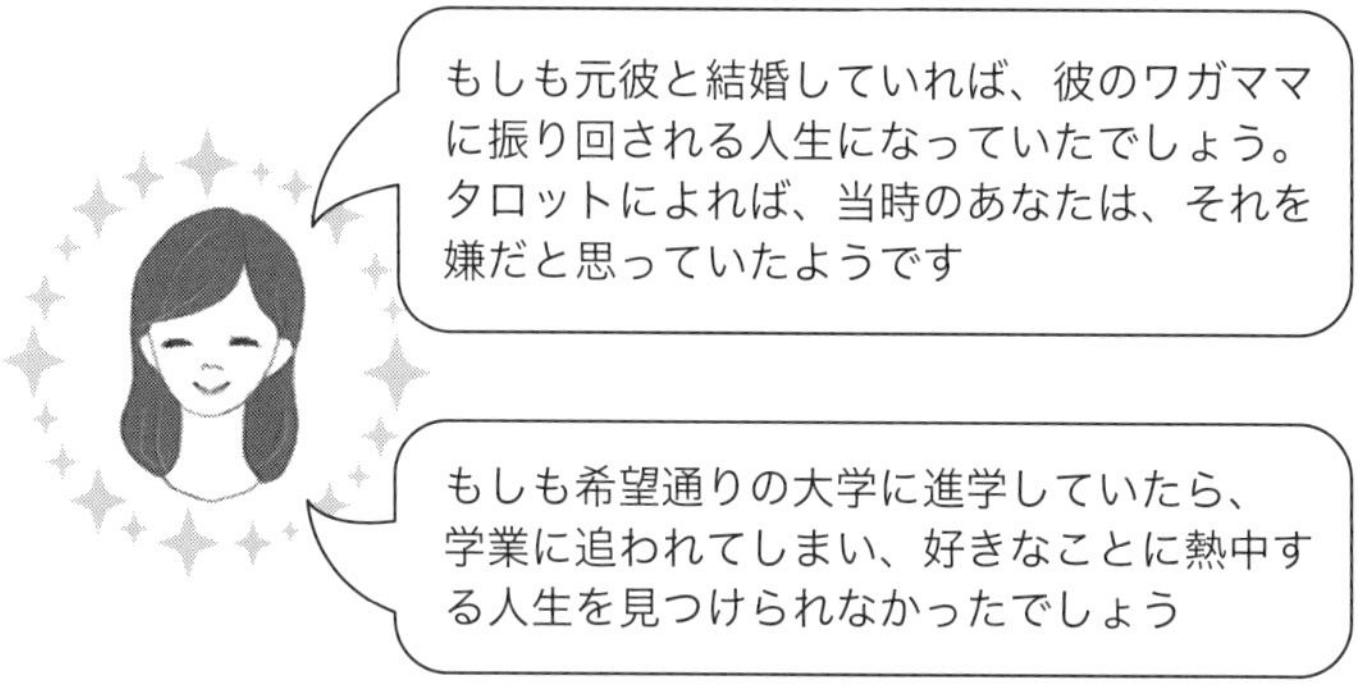
もしも元彼と結婚していれば、彼のワガママに振り回される人生になっていたでしょう。タロットによれば、当時のあなたは、それを嫌だと思っていたようです
もしも希望通りの大学に進学していたら、学業に追われてしまい、好きなことに熱中する人生を見つけられなかったでしょう

たとしても、そうであることがはっきりすれば、「あのときはどうすればよかったのだろう」というもどかしい悩みからは少し解放されるかもしれません。

こういった相談に対して占いができることは、可能な限り、相談者の現状を肯定して、過去に他に選択肢がなかったと示すことです。

未来に向けた解決策を出すことは、この種の相談に関してはそれほど求められているとはいえませんが、未来を守ることが占いの役割であるという誇りにかけても、その過去を乗り越えたよい未来があることをしっかり伝えて、鑑定をクローズできれば完璧です。

心を「つなぐ」親密になるための方法 3

「記憶」もサービス！お客様のことは覚えておこう

最初の鑑定で十分な信頼をつかんだなら、そのお客様はきっとリピーターになってくれることでしょう。個人差はあるにせよ、電話占いのお客様は、それほど時間を空けずにリピートしてくれることが多いものです。

お客様の側は、心を開いて自分の秘密を打ち明けたわけですし、話がよく盛り上がってスッキリしたという印象は心に強く刻まれているものです。それゆえに、前回の話をことのほか鮮明に覚えています。

それに対して占い師が相談内容を忘れていたとしたら、とても寂しいことです。信頼していろいろと話をして、人生の一部を共有した相手に、その話の存在そのものを忘れられていたなら、ショックを受けるのも当然のことです。

また、実際的な問題として、相談内容をもう一度最初から説明しなければならない

覚えておくべきこと

□相談者の名前

□相談内容の主題や悩んでいる内容

□占いの結果として伝えたこと。特に時期予測

□次のデートの時期や、プレゼントの予定など、
リピート時に話題になりそうなこと

ことが面倒であり、余計なコストになってしまうことも問題です。

✦ライバルは覚えている

現在活躍している人気占い師の多くは、お客様の情報を記録して、前回の続きからお話ができる状態を維持しています。お客様の中には、それが当たり前になっている人も多くいらっしゃいます。

せっかく素晴らしい占いでリピーターを作っても、忘れていたという理由で3回目につながらなかったら、それはもったいないことです。完璧である必要はないにせよ、占い師がお客様の名前と相談内容の大筋くらいは記憶しておきましょう。

✦ブレない鑑定の大切さ

リピーターに対する占いの深刻な問題のひとつとして、鑑定結果がブレてしまうことがあげられます。

占いの答えを誠実に正しく解釈したとしても、状況が微妙で答えに迷ってしまうような占いだった場合には、次に見たときに細かい部分まで同じ結果を伝えることができるとは限りません。占いの専門家の目線からすれば、微妙な表現の違いであったとしても、お客様からすれば、占いが示している未来が変わってしまったのではないかと心配になってしまうこともあります。それを防ぐ意味でも、鑑定結果の記録は有効です。

✦鑑定カルテを作る

対面式の占いの場合は、お客様の顔や雰囲気を含めて、総合的な記憶を作ることができるのでまだ覚えやすいのですが、電話では声と話だけで記憶をまとめなければならず、すべてを脳内で完結することは不可能と断じるほかないでしょう。

お客様の相談内容は検索性の高い形で記録しておくことが大切です。紙のノートに

筆者開発の顧客管理ソフト「Prophetess」

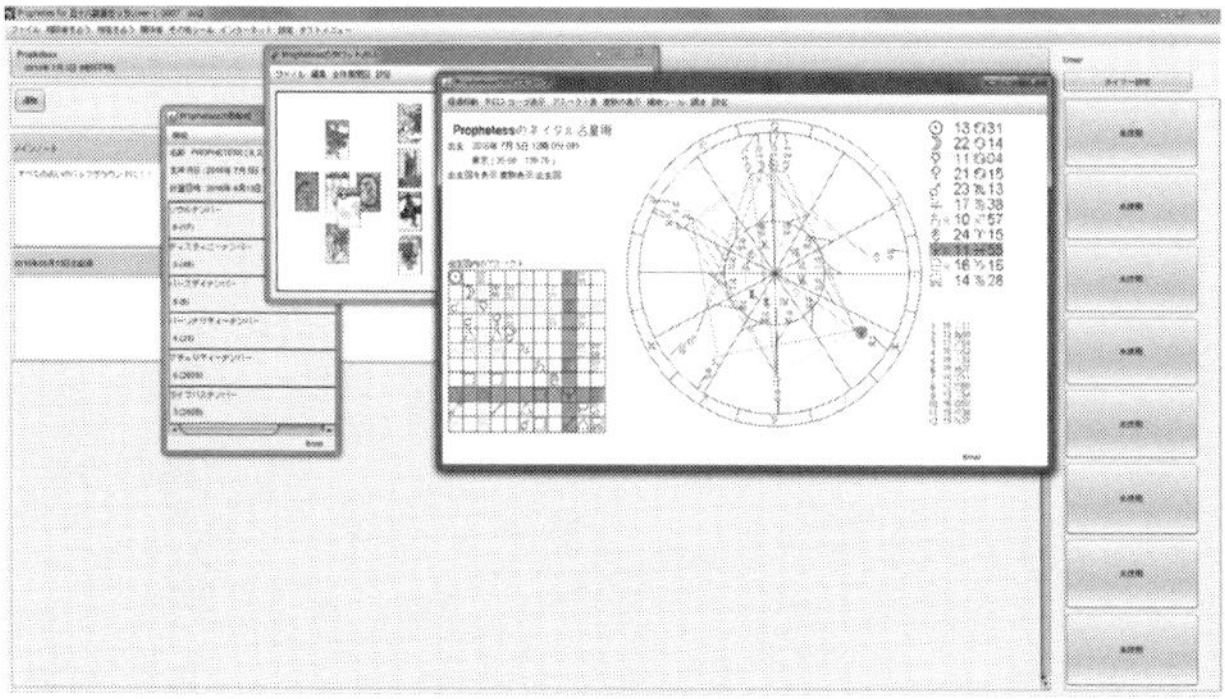

まとめてもいいのですが、お客様から電話を受けた後でページをめくって探し出すことは現実的なことではありません。

パソコンでしっかりとしたデータベースを構築することができれば、一番望ましいことですが、難しい場合にはエクセルなどのソフトでもいいでしょう。とにかく、デジタル媒体で記録して、生年月日や名前による検索が可能な状態にしておくことが大切です。

ちなみに筆者は自分で開発した占星術やタロット占いができる顧客管理ソフトを利用しています。今は諸事情で公開していませんが、いずれは広く公開する予定です。

3 心を「つなぐ」親密になるための方法

適切に使い分ける！アゲ鑑定とサゲ鑑定

アゲ鑑定とサゲ鑑定という、鑑定スタイルの分類があります。アゲ鑑定とは、ポジティブな答えを多めに出して、お客様のテンションを上げることを中心とした鑑定のことをいいます。反対にサゲ鑑定とは、現実の問題を的確にえぐり出し、シビアな問題から目を背けずに、着実な努力か諦めを促す鑑定スタイルのことです。

この両者のどちらがよいか、あるいはそのバランスはどうあるべきかという問題は、占い師の世界における永遠のテーマといえます。

✦アゲ鑑定のメリット・デメリット

何よりも、お客様を喜ばせることができることが、アゲ鑑定のメリットです。占いというサービスの特性上、いいことを言われたほうがうれしいのは当然のことです。

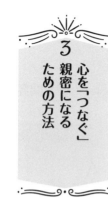

同じ結果でも聞こえが違うアゲ鑑定とサゲ鑑定の例

Q 「職場で昇進できるかどうか」

A

アゲ鑑定の例

今はすごく運気もよい状況ですから、今にも増して最高の努力を続けていれば、いつかその努力が偉い人の目に留まって出世につながります

サゲ鑑定の例

出世の可能性はありますが、努力不足です。今は上層部の人々にはあなたの成果がほとんど伝わっていませんので、もっとがんばりましょう

電話占いのマーケティング的な傾向としては、アゲ鑑定をしているほうがお客様のリピート率はよくなります。占い師にとっても、鑑定結果はポジティブなものであるほうが伝える際の気持ちは楽です。

反対に、アゲ鑑定のデメリットは、正しい状況を見失うおそれがあることです。また、過度なアゲ鑑定は、お客様を依存させてしまうおそれも出てきます。

サゲ鑑定のメリット・デメリット

現実を的確に見抜いて説明することによって、本当の意味で正しい選択肢を提示できる可能性が高い点が、サゲ鑑定のメリットであるといえます。特に、理知的で冷静なタイプのお客様にとっては、問題点の発見を占いに期待する比重が高くなりますので、そういった場合には、冷静なサゲ鑑定が有効です。

ただし、ネガティブな言葉が人に与える印象は強く、占い師の印象までネガティブにしてしまうこともあります。お客様によってはネガティブな単語を聞いた瞬間に電話を切ってしまうような方もいらっしゃいます。これがサゲ鑑定のデメリットです。

✦アゲ気味を基本としながらバランスを取る

電話占いにおいては、柔らかめのアゲ鑑定を基本スタイルとしながら、全体のバランスを見ていくことが大切であると考えられます。

少なくとも電話占いの世界においては、厳しいキャラクター性は認められにくい傾向にあります。顔が見えない声だけの鑑定であるために、厳しさの裏にある愛が伝わりにくいというのが、その大きな理由です。

テンションが上がって、目標が達成できそうな気分に浸ることができれば、自信がみなぎり、目標達成の可能性が上がります。お客様を元気にすることを大切にするなら、やはりアゲ鑑定が基本であるべきといえましょう。

アゲ鑑定とサゲ鑑定の使い分けポイント

アゲ鑑定が有効なシーン

・相談者の諦められない気持ちが強すぎるとき
・難しい状況でも、努力次第でどうにかなるとき
・他の選択肢がなく応援するしかない相談
・相談者が不安に押しつぶされそうなとき

サゲ鑑定が有効なシーン

・やむなく諦めるほうが相談者のためになるとき
・相談者が、他の占い師の過剰なアゲ鑑定や、よい鑑定結果に疑問を持っているとき
・的確な行動で状況が改善するとき
・相談者が依存心を持ちはじめているとき

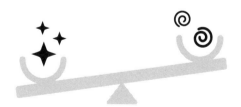

3 心を「つなぐ」親密になるための方法

占いの答えに嘘をつかず信頼を深めていく

電話占いにおいては、ゆるめのアゲ鑑定をめざすことが理想的であるとお伝えしましたが、逆にアゲ鑑定が行きすぎてしまうことも問題です。

中国の思想家の荀子《じゅんし》に「我に諂諛《てんゆ》する者は吾が賊なり」という言葉があります。「諂諛」とは耳に心地よい甘い言葉でへつらうという意味です。お世辞を交えてまで状況をよく説明することは、お客様のためになる占いではありません。

嘘をついてまでアゲ鑑定をすることが常態化してしまうと、長期的につじつまが合わなくなってしまい、お客様との信頼関係を失うことにもつながってしまいます。

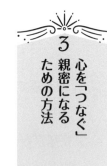

✦占い師の特殊性

占いというサービスは、普通の接客業や日常の人間関係では言葉にしにくいことを、

どうして占い師の助言は聞いてもらえるのか

愚者のカード

人は身近で同列な存在よりも、王にとっての宮廷道化師のように少し隔たりのある存在からアドバイスを受けたほうがしっくりくるものなのです。

その使命として伝えることができるという点において大きな特殊性があります。ビジネスのことならともかく、人生全体や恋愛などのプライベートについての問題点の指摘を求められる職業は非常に珍しいといえます。

タロットカードの「愚者」という札に描かれている人物は、ヨーロッパで王家に仕えていた宮廷道化師であるとする説があります。宮廷道化師といえば、シェイクスピアの『リア王』の中で、自由な立場から王に対して助言や忠告を行なう道化の存在が有名です。実際の歴史上も彼らは、権力者に対して自由な発言をする権利が認められていました。普通の家来に忠告されることは不愉快でも、道化の言葉には王もイライラせずに素直に耳を傾けることができたのでしょう。

もしかすると現代社会における占い師の役割は、これと似たような意味合いがあるのかもしれません。宮廷道化師が貴族社会の人間関係から独立して自由に発言していたとするならば、占いは現代社会の科学法則や道徳規範から独立し、自由に発言することが求められているのではないでしょうか。

「プライドが高すぎて扱いにくい」という特性を持った人がいたとして、もしもそのことを周囲の人から指摘されたら、それこそプライドが許さないでしょう。しかし、占いの答えとして「獅子座の影響が強すぎるので、プライドが高すぎるのは仕方がないでしょうが、少し控えたほうが周囲と調和する星の力を活かせます」といわれたなら、イライラせずにアドバイスに従うことができるかもしれません。

占い師には、「自分の意見ではなく占いの答え」として相談内容に答えを出すことができるという特性があります。たとえ失礼で残酷な答えを出したとしても、それは占い師の個人的な意見ではありません。これは無責任でよいという意味ではなく、その分、占いそのものにこそ責任をもって的確に説明するべきということです。

普通は言いにくいこと

◎ダイエットをしないと彼に振られるかも
◎愚痴のいいすぎで暗い人だと思われている
◎彼には遊ばれているだけかもしれない
◎仕事への熱意が足りていないと思われている
◎人間関係で余計なことをいいすぎる癖がある
◎浪費によって夫婦関係がグラついている

そのお客様にとって、こんなことを言ってくれるのは
占い師だけかもしれない

▼

トラブルにならないように十分に注意しつつ、
占いが示すデリケートな問題点を的確に
突っ込むことができると、信頼関係が深まる

**言い方によっては
お客様を
怒らせることも**

人としての気遣いを忘れずに、丁寧な解説を心がける。

3 心を「つなぐ」親密になるための方法

ときには必要！心の痛み止めフレーズ

お客様の中には、とにかく元気がなくて、どうしたらよいかわからないままに占いに電話をかける人もいます。適切な占いを聞くことよりも、自分の悩みを適切に伝えることよりも、とにかく不安から解放されるために電話をする場合もあるのです。

そんなときもお客様のペースに飲まれることなく、自分の占いを貫こうとすることは大切です。しかし、あまりにもお客様の不安がひどくて話が通じにくい場合は、やむなくその場の不安を鎮めるための甘言が必要かもしれません。

✦過去の行動をほめる

現状の不安を鎮めるために効果的なのは、その不安に関連する過去の行動をほめることです。わかりやすい例でいえば、試験の合否が不安で仕方がない人には、それま

不安に関連する過去の行動をほめる

相談内容：**相手の気持ちに不安を感じる**

ほめるべき過去の行動

・彼のわがままに、これまで散々つき合ってきた
・一緒にいる時間が楽しいと彼もいってくれた
・彼のために、スポーツのプレミアムチケットを取った

→ **だから大丈夫！**

での勉強の量をほめることで安心が得られるという図式です。

　この形式は実は、さまざまなことに応用できます。恋愛に関する相手の気持ちが不安だという内容であれば、過去に相談者がしてきたことを具体的にほめて、これだけしてきたのだから大丈夫だと安心させてあげることができるでしょう。

これまでの鑑定結果のよい部分を伝える

　不安がひどくて占い師にそれを解消してもらおうという理由で電話をしてくるのは、比較的リピーターのお客様に多く見られる傾向です。

　こうしたお客様に対しては、最新の鑑定

結果を伝えるばかりではなく、これまでの鑑定結果を振り返りながら、過去のよい結果をあらためて伝えて差し上げることも大切です。そのときに感じた安心感を追体験してもらうことで、より深い安心を得ることができるでしょう。

過去に得たよい結果が、何度占っても同じ答えが出る正しいものなのかを確認する目的で、わざわざ同じ質問をなさるお客様もいます。正直、占い師としては少しイライラしてしまうこともあるかもしれませんが、何度でも同じことを伝えて差し上げることが、お客様にとって心の支えになることは確かといえます。

✦依存させないように気をつけること

何度もかけてきてくれるリピーターのお客様の場合、困ったことがあったらとりあえず相談しようと思ってくださっている場合もあります。話し相手として、他に適した人がいないから重宝しているということであればまだ問題はないのですが、占いそのものに対して依存しているなら、よくないことです。

そういった方に対して毎回言葉の麻酔を打ち続けることは、ますます依存心を高めてしまう原因にもなります。ひどい場合になると、最初に出した鑑定結果が変わって

占い依存させない鑑定を心がける

- 占いよりも、恋人の気持ちを信じるように伝える
- 成果があがるのは、占いの力ではなく相談者自身のがんばりのたまものであることを伝える
- 占いの結果に変化がないかを何度も確かめる人には、変化する条件を伝えてそれ以外は変わらないから安心するように伝える
- 依存するおそれがあるとストレートに伝える

いないかを毎日確認しないと気がすまなくなってしまうお客様もいらっしゃいます。

　この状況を、売上につながるからいいと考えることは危険です。依存心から電話をしているだけのお客様は、占いがリラックスではなく、半ば義務的な作業になっている場合もあり、正しい信頼関係が作れないことがあります。そういう状況になると、些細な鑑定のブレや、細かな占いの誤りなどに対しても非常に敏感になり、占いの適切な利用の範囲を超えてしまいます。

　こうしたお客様がいることはリスクでもありますので、不用意に依存させないような鑑定を心がけることも大切です。

4 電話占いのタブー

お客様と仲よくなりすぎるということ

お客様との信頼関係が深まり、いろいろなことを話していると、お客様も占い師も、お互いにどんどん親密な気分になっていきます。電話占いを通して、気持ちが通い合い信頼関係が生まれることは、とても素晴らしいことではありますが、占い師とお客様という関係性を超えることは、いいこととはいえません。

✦サイト外では連絡を取らない

基本的にほとんどの電話占いサイトが、占い師とお客様のサービス外でのコンタクトを禁止しています。これには、お客様と占い師が、サイトを通さずに直接の占いをしてしまうことを防ぐ目的や、サイトの目の届かないところでお客様とトラブルが生じることを避ける目的があります。

サイトを通すからこそ存在する神秘性と価値

サイトの中だけに存在し、そのサービスを通じてのみ
話をすることができる人だからこそ、
価値がある

SNSで話すことができれば……

- 希少性が下がる
- 占い師が持つ神秘的なイメージが薄くなってしまうこともあり得る

お客様のほうから占い師に連絡を取る手段は、サービスを利用するしかありませんから、一方的にプライベートなやり取りを求められることはありません。

ＳＮＳの時代ですので、占い師がその気になればお客様と連絡を取ることはできるでしょうが、まったくおすすめできません。

お客様の中には、電話で相談するだけで直接会うことがないからなんでも相談できると考えている人もいます。また、占い師のプライベートが見えることで、神秘性が失われてしまうこともあります。

電話占いの場合、サイトの運営が承知している以外の方法で顧客管理をすることが得になることはほとんどないのです。

✦特に異性のお客様には要注意

特に異性のお客様との個人的なつながりについては、厳に慎む必要があります。

親身に相談に乗ることが仕事である占いの世界においては、ふとした弾みでその信頼があらぬ感情に変化してしまうことがあります。独身同士の男女が結婚をめざして本気でつき合うくらいの気持ちを持つならまだしも、中途半端な関係をめざすことは、占いのプロとしても道義的にも大変な問題であるといえます。

お客様は占い好きなわけですから、もしも恋仲になったら、他の占い師に相談することもあり得ます。それを聞いた占い師が同一サイトの所属であれば、運営に相談しないとも限りません。そうなってしまえば、サイトのルールを守れない占い師として低い評価を受けることになります。

男性占い師の中には、ホストのような営業スタイルを取る人もいるようですが、それは一歩間違えるとただのセクハラ占い師です。仮に少しばかりのお客様を得ることができても、他のすべての占いファンから嫌われてしまいます。長い期間を生き残っていくことは不可能で、どこかで必ず致命的な損害を受けることになるでしょう。色恋を匂わせる占い師になろうと考えるのは下策中の下策です。

直接営業というタブー

「直接営業」「闇営業」「うらっぴき」

▶サイトで知り合ったお客様と、サイトを通さずに直接やり取りをして占いを提供し、普段より多く報酬を得ようとする行為

**所属サイトに対する裏切りとして
多くのサイトがお客様と占い師の双方に
対して禁止しています**

万が一、鑑定中に
お客様から
持ちかけられても

応じない

連絡先を教えない

もちろん、自分からも

持ちかけない

直接営業のデメリット

- 金銭にさとい占い師と思われて信頼を失う
- トラブルが起きても、運営が助けてくれない
- サイトとの契約が解消になるリスクもある

4 電話占いのタブー

ネットの書き込みに振り回されるということ

占い師としてある程度活動していると、お客様からどのように思われているかが気になってくるものです。サイトに公式のクチコミコーナーがあれば、そこを見ていれば大体の評価はわかるでしょう。

しかし、公式のクチコミはあくまでもお客様が占い師に読まれることを意識して書いています。占い師を傷つけるような厳しい批判は、再び相談するときのことを考えて、書き込みにくいものです。そこで本当の感想が知りたくなって、ネットで自分の鑑定士名を検索（エゴサーチ）してしまいがちです。

✦掲示板の評価は当てにならない

ネット上には、占いに関連することを専門に扱う掲示板がいくつかあります。ある

ネットの書き込みを気にしない

占い掲示板

投稿者　〇〇〇

2019 年〇月〇日

あの馬ヅラ占い師、
時期の占いテキトー

有名サイトには、必ず掲示板があります。
もしも名指しで書き込まれても、有名税と思うしかありません。
振り回されても悔しいので、気になってしまうなら、いっそ見ないほうがいいでしょう。

程度お客様を鑑定すると、どこかの掲示板に書き込まれる可能性は十分にあります。その感想は往々にして、公式に書き込まれるクチコミより厳しいものになります。それを見て、これが本当の感想だと思って落ち込むことは、占い師としてのモチベーションを下げるだけです。

「滑舌が悪くて聞き取れなかった」と書かれていたなら、百歩譲って参考になるかもしれませんが、ネットでの評価は「ハズレた」などと単純に書かれることがほとんどです。そんな感想に振り回されて自分の占いを乱すことは大損です。

また、自作自演の書き込みは、ほぼバレます。恥ずかしいのでやめましょう。

4 電話占いのタブー

鑑定に慣れすぎるということ

占いの仕事をはじめたばかりの頃は、すべての鑑定に強い緊張感を持って臨むものです。一つひとつの占いが新鮮で、新しい発見があり、そしてお客様に驚いてもらったり喜んでもらったりすることがうれしくて仕方がないものです。

もちろん、何年占い師を続けたとしても、お客様が喜んでくれることは占い師冥利に尽きる最大の喜びです。お客様に驚いてもらうと、テンションは上がりますし、内心かなり誇らしい気分になります。そして、お客様の望みが叶ったという報告を受けた際には、最高の気分になることができます。

✦占い師の気合いは伝わる

そうはいっても、日常の占いには少し慣れが出てしまいます。特に在宅で仕事をす

自宅でもフルメイクでテンションアップ!?

知り合いのある売れっ子電話占い師は、自宅から一歩も出ない日でも、仕事のときにはフルメイクでおしゃれをして鑑定をするそうです。

格好いい自分になってテンションが上がることで、自信たっぷりに鑑定をすることができるのでしょう。

若くして芥川賞を取った某女流作家も、自宅でフルメイクをして執筆にあたるそうです。

る場合、鑑定を開始する前に環境を整えることがなおざりになってしまったり、自分の身支度が適当になってしまうことはあります。電話というツールの特性上、化粧をしなくても歯磨きをしなくても、それが相手に知られることはありません。

しかし、ベッドの中で寝ながら電話をしていれば、それは伝わる可能性があります。少なくとも鑑定に宿る魂のようなものは、確実に弱くなってしまうことでしょう。

占い師が気合いを込めて鑑定をすることは、お客様の満足度に影響します。仕事に慣れすぎず、ほどよい緊張感を持って対応して、占い師としての全能力を遺憾なく発揮するようにしましょう。

4 電話占いのタブー

意外といいがちNGフレーズ

占いをする際には、占い師の言葉が持つ独特の重みに十分に配慮して、慎重な言葉選びをすることも大切です。人を癒やす占いをするための前提として、相談者を決して傷つけない占い師でいることが必要です。

✦話の勢いでタブーに触れないようにする

占いにおけるタブーはすでにいくつかあげてきましたが、鑑定のメインテーマとしてのみならず、話の流れや勢いでうっかりタブーに触れてしまうこともあります。

相談されていないことをいい当てるべきではないというタブーは、場合によっては鑑定をする上で避けて通れない場合もあるでしょう。恋人との将来を占うにあたって、どちらかの仕事の状況が深刻な状態にあることが障害になっているとわかった場合な

別の話題に触れる際の会話の例

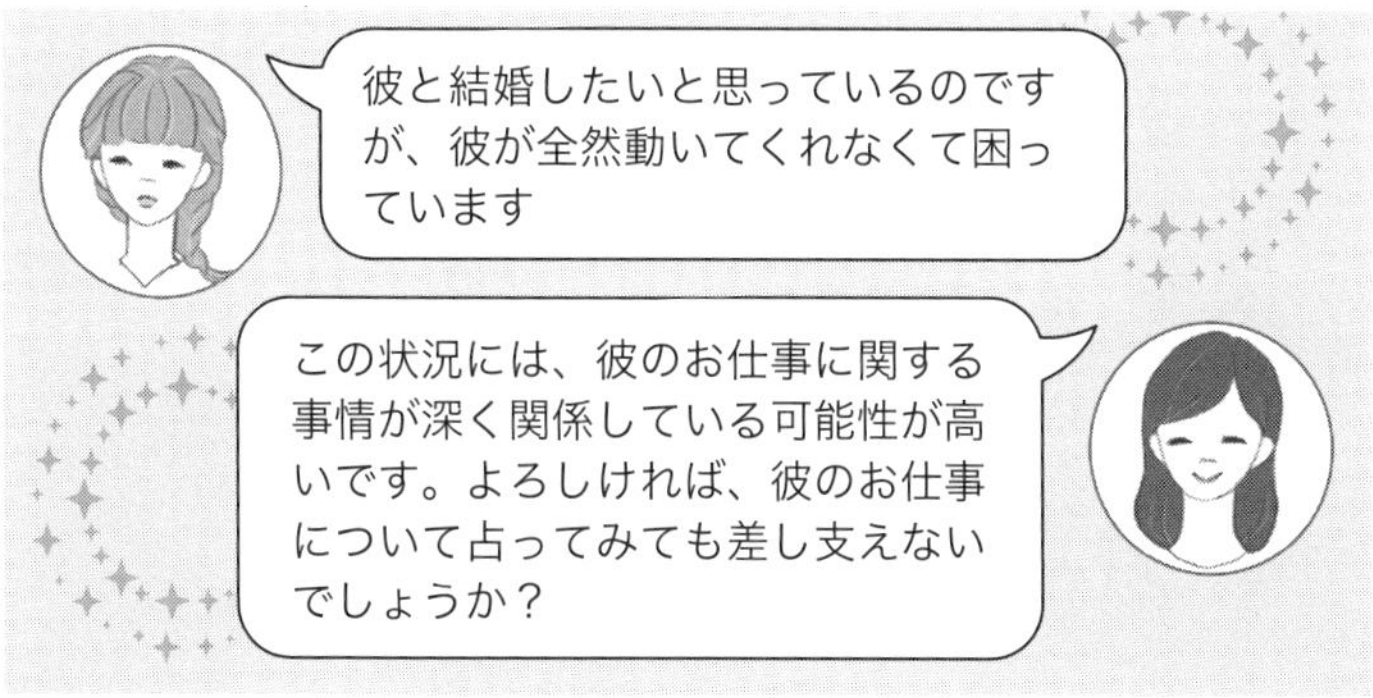
彼と結婚したいと思っているのですが、彼が全然動いてくれなくて困っています
この状況には、彼のお仕事に関する事情が深く関係している可能性が高いです。よろしければ、彼のお仕事について占ってみても差し支えないでしょうか？

どがそれに当たります。そういった場合には格別の配慮を持って、相談者に確認をしてからそのテーマに触れることが大切です。

✦「がんばれ」という言葉について

昔から一般に知られている言説として、うつの人には「がんばれ」といってはならないというものがあります。これを激励禁忌と呼ぶのですが、科学的にはその正しさがすでに疑われつつある状況です。欧米では積極的に激励が行なわれているようです。

しかし、占い師が「がんばれ」という言葉を鑑定結果の中で多用することは、現状のがんばりを否定していることにもつながり得ることです。占いの示すところのがんばりが、どの程度必要なものなのかがわからずに、どこまでもがんばりすぎになってしまうお客様もいます。そういった繊細なお客様に対しての配慮の意味も込めて、「がんばれ」という言葉を使う際には、その範囲を明確に定めることが重要であるといえましょう。

✦占いが持つ言葉の強さに配慮する

「がんばれ」という言葉もそうですが、あらゆる言葉は占いの答えとして示されることで意味が強くなります。占いの持つ神秘性は、その場では聞き流せるような言葉であっても、長きにわたって人の心に影響を与えることがあります。

もちろん、それを気にしすぎると何も占うことができなくなってしまいますが、占い師がかける言葉には、とても強い影響があることを意識しましょう。その言葉がお客様の耳にどう聞こえるかを考え、誤解を生まない言葉を選ばなければなりません。それには経験が必要ですが、少しずつ感覚を覚えていきましょう。

反対に、生涯間違いなく安泰だという強い言葉を授けることができれば、それはその人にとって一生の勇気になるでしょう。

占いのお客様の繊細な心

今のところ２人の関係は絶好調です！
ちょっと安心したけれど、もう少し時間がたったら状況が変わって絶好調じゃなくなってしまうのかしら……
来年中には結婚する運命にあります！
すごくうれしいことだけれど、もしもその時期を逃したら、一生結婚できないのかしら……

正直なところ、気にしすぎるときりがありません。
お客様の繊細な心がどう受け取るかを考え
優しく思いやりのある言葉選びをしましょう。

4 電話占いのタブー

弁護士監修！占いと法律について

占いを仕事にして報酬を得る上では、コンプライアンスに十分な配慮をする必要があります。本項目では、法律に関する遵守事項について、葛西臨海ドリーム法律事務所の弁護士、矢野京介先生の監修を得た上でお伝えしたいと思います。

◆消費者契約法について

消費者契約法とは、消費者と事業者の情報格差によって、消費者に不利な契約が結ばれてしまった場合に、それを一方的に取り消すことができるという法律です。

平成30年の法改正により、「霊感その他の合理的に実証することが困難な特別な能力による知見」によって不安をあおって締結された契約を無効にできると明記されました。この法改正は、占い業界の一部で話題になりました。

消費者契約法とは

悪徳な契約から
消費者を守る法律

誠実な占いを提供する限り、
占い師がこの法律によって
困ったことになる心配は
しなくてよいでしょう

しかし、これは誠実で真面目な占いをする占い師の仕事を脅かすものではありません。この法律は「私の占いを聞かなければ、あなたは不幸になる」などという言葉で脅した上、占いを受けることで不幸を回避することができると伝えることを咎めるものです。良心的な占い師がそのような脅しをかけることはあり得ないでしょう。

ただし、電話のクロージングやフォローメールなどの挨拶において、「あなたは駆け引きが下手だから、彼に嫌われないようにするためにも、彼に連絡をする前に私に電話してくれたら、私のタロットの神秘の力で助けてあげるわよ」などと伝えるのは違法性を指摘される可能性があります。

◆医師法について

母親が子供の病状を風邪と「診断」したり、咳き込む友人に市販の咳止めを「処方」したりと、専門家以外が体調に関する意見をいうことは日常的にはごく普通のことです。プライベートでは問題のないこうした行為も、電話占いにおいて反復継続の意思を持って不特定多数を相手にそれを行なえば話は別です。これは医業に該当する可能性があり、免許を持たない者が行なうと医師法に抵触するおそれがあります。

かつて、断食道場において、参加の目的や現在の病状、既往歴を尋ねたことが問診にあたるとして、最高裁が医師法違反の判決を出した例もあります。

体調に関する質問は少なくありませんが、そんな質問を受けた場合には、占いの限界を伝えた上で、慎重に対応しましょう。病名を診断したり、プロフィールで病気の治癒や改善などの効能を謳ったりすることはやめましょう。

◆弁護士法について

医学同様に、法律に関することをアドバイスする際にも、十分に気をつける必要があります。まず当然のことではありますが、「法律相談」という文言を使うことはで

著作権の保護期間

個人の著作物の著作権保護期間

死後70年（2018年の法改正より）

1967年までに没した人の著作権	2017年で消滅
1968年以降に没した人の著作権	2039年以降、順次消滅

きません。これは弁護士資格を持っている人が独占的に使用を許された名称だからです。細かい部分についてはそれぞれの状況次第ではありますが、基本的に法律の専門知識が必要なことについては、アドバイスしないことが安全です。

著作権・商標権について

占いを勉強する際には、すでに出版されている他人の書籍や講座から知識を得ることになるわけですが、これらの著作権について考えることも大切です。

もっとも、占術のロジックそのものには著作権は認められませんので、勉強した占いは自由に使うことができます。タロットカードについても、オリジナルのウェイト版は、すでに日本における著作権の保護期間を満了していますので、絵柄を改変しないかぎり、日本国内では自由に利用できます。

ただし、解説書の文章表現や、オリジナル占術の名称などには著作権や商標権が存在する可能性があります。占術の作者が明瞭な場合には、プロフィールに占術名を書く前に、権利者に問い合わせるのが無難です。

✦個人情報の扱いについて

占いに使う生年月日と名前の組み合わせは、十分に個人を特定することができる個人情報に該当します。こうした個人情報の扱いは、占い師が特に気をつけなければならない大切なことであるといえます。

個人情報保護法という法律では、コンピュータに入力された個人情報や、容易に検索できるようにインデックスされた個人情報の資料（これを「個人情報データベース等」といいます）を事業に使っている場合は、個人情報取扱事業者として、法令を遵守した個人情報の取り扱いをする必要があると定められています。

法律部分の監修者の紹介

KASAI RINKAI DREAM LAW OFFICE
葛西臨海ドリーム
法律事務所

弁護士 **矢野京介先生**
弁護士 **青木正芳先生**

ＨＰ：http://www.dreamlaw.jp
住所：江戸川区西葛西６丁目13-14 丸清ビル３階
電話：03-6808-4161

占星術のソフトウェアなどに入力した生年月日と出生場所のデータや、鑑定記録などはこれに該当する可能性があります。

こうしたデータには、流出を防ぐための安全管理措置を講じる義務があります。具体的には、使用するパソコンにパスワードをかけることや、暗号化していないデータをＵＳＢメモリなどに記録しないことが安全管理措置に該当します。

また、当然ながら占いを通じて知り得たお客様のプライバシーを、誰かに話すことは占い師として絶対に許されない行為です。占い師同士の研究の目的であっても、研究目的で話題にすることをお客様本人に告げていない場合は違法性が生じます。

5章

仕事の幅を広げてスター占い師になる

1 お客様の維持と増加をめざそう！顧客管理と顧客獲得

アフターメールのシステムは徹底活用しよう

所属する電話占いのサイトによっては、お客様とのお話が終わった後で、お礼のメールを出すことができるシステムがついている場合があります。こうしたメールを「アフターメール」とか「フォローメール」などと呼びます。このようなサービスを利用可能なサイトに所属した場合には、積極的に活用しましょう。

お客様にとって、鑑定が終わった後にも占い師が気にかけてくれていることは単純にうれしいことです。メールを読み返したときに、占いで元気をもらったことを思い出して、また電話をしようと思ってくれるかもしれません。

✦またかけたいと思ってもらうために書く

アフターメールを書くとして、何を書いたらいいかは迷ってしまうものです。特に

広告になりすぎてはダメ！　人柄を伝えよう

〇 **よいアフターメール** → お客様に喜んでもらえるもの

× **残念なアフターメール** → 広告色が前面に出すぎたもの

＝ **ただの迷惑メール**

注意点

- □次の電話をしつこく促さない
- □あくまでも鑑定の延長線を意識する
- □質問文を書くなどの、やりすぎた内容にしない
- □不安をあおるようなことを書かない

何度もリピートしてくれている人に対しては、毎度同じようなことを書くのは気が引けてしまいます。

サイト運営者の多くは、アフターメールには鑑定内容のまとめを書くのがいいとアドバイスするようですが、それだけでは足りないように思います。

率直にいえば、アフターメールはまた電話したいと思ってもらうために書くもので、アフターサービスとして、無料の鑑定書を送って差し上げるためだけのものではないのです。

占いの印象を記憶に残すという意味では、鑑定内容の記述も効果的ですが、それだけでは少しもったいないように思います。

✦次回の話題を提案する

効果的なアフターメールは、そのメールを読んだときに、もっと話をしたいという気持ちが喚起されるメールです。たとえば、鑑定中には出なかった着眼点を通話後に見つけた場合、それを伝えると効果的です。その着眼点についてもっと話を聞きたいとお客様が思えば、そこから次の鑑定につながることもあり得ます。

また、鑑定中にお客様が勘違いして受け取っていたかもしれないことや、正しく伝え切れた自信がない複雑な話を、冷静に整理して伝え直すことも効果的です。

✦手紙は追伸が一番心に残る

これは心理的なテクニックですが、手紙やメールは追伸が一番心に残るという説があります。実際、メールの最後の挨拶が終わった本当の文末に、追伸として別な話題を挿入すると、次のお電話でその部分が話題にのぼる確率が高いように思います。

通常、正式な手紙においては追伸を入れることはマナー違反とされますが、占いのアフターメールにおいては、追伸をつけるほどに一生懸命にお客様のことを考える姿勢が好意的に評価されることもあります。毎回ではなく、たまに使いましょう。

アフターメール参考例文

このたびはお電話いただき
ありがとうございます。
占い師のもっちぃです。

> この辺は定型文でいいでしょう。

彼の気持ちには愛情があるようです。

この先もおつき合いは続いていくでしょう。

今は、仕事の忙しさで恋愛に集中できていないようでしたが、時間が解決してくれます。

> 鑑定内容を簡単にまとめます。

素晴らしい未来を祈っています。

ありがとうございます。

> これも定型文でいいでしょう。

追伸
鑑定中には出なかった着眼点として、彼は自分のキャリアプランに対して心配な点があって、恋愛に集中できていない部分があるかもしれません。
そのことを彼に尋ねてもよいかもしれません。

> 一番効果的な追伸に主題を入れてみました。

> 追加の着眼点については、電話を催促せず、奥ゆかしい表現にします。不安や依存をあおるべきではありません。

五十六謀星もっちぃ

1 お客様の維持と増加をめざそう！
顧客管理と顧客獲得

役立つブログで占い師としての価値を高めよう

所属するサイトによっては、ブログやSNSなどを通じて占い師が情報を発信することができます。そういうツールがあると、占い師は積極的にお客様を集めることができますので、熱心に活動している新人占い師にとっては有利です。

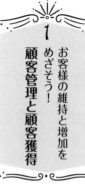

✦ブログは役立つ記事を書く

ファンと呼べるようなお客様が大勢いる場合には、自分の私生活のことを書くだけでも十分にコンテンツとして成立しますが、少なくとも新人の間は、電話占いのお客様にとって有益な情報を発信することが大切です。

自分なりの開運メソッドや、パワースポットの情報、占星術師であれば天体の運行情報などを書きましょう。ただし、こういった情報はすでに氾濫していますので、自

ブログの注意点

相談内容に関することは基本的に書かない

▶自分の相談も載せられるのではないかという不安をあおることにつながります。お客様から個別に許可を得て書く場合には、その旨を明記しましょう。

自分の悩みを書くのはリスクが高い

▶占い師にだって悩みはあります。しかし、そのことをブログに公開してしまうと、共感してくれる人が出てくる反面、ネガティブな人物と思われるリスクもあるので注意が必要です。

分の占い師としての意見や個性を強めに反映させるとよいでしょう。

✦神秘性を失わないように注意する

占い師にはある程度の神秘性があります。多くのお客様にとって、占い師の私生活というのは謎に包まれた不思議なものです。それを死守することが必ずしも必要なこととはいえませんが、神秘性に期待しているお客様がいるのも確かです。

生活感が見えすぎるような内容は、占い師としての神秘性をはじめとした、さまざまな付加価値を取り払ってしまいます。ブログで私生活を出すなら、幸せで楽しい日々を過ごしている印象を意識しましょう。

1 お客様の維持と増加をめざそう！ 顧客管理と顧客獲得

イベントなどの出演で幅を広げよう

イベントに参加することはメリットが多く、できることなら積極的に参加したいものです。サイトが占い師の宣伝のためにイベントを開催する場合もありますので、もしも誘いがかかったら積極的に参加しましょう。イベントそのものでお客様を獲得することは難しいかもしれませんが、イベントに参加したという実績がアピールポイントになります。サイトの中にイベント情報のバナーなどが記載されれば、それが後々まで集客の材料になるのです。

また、電話占いの仕事では、運営サイドの人間と直接会うことなく何年も仕事をし続けることは決して珍しいことではありません。イベントに参加することで、運営サイドの人に会うことができれば、それはそれでひとつの収穫です。

イベント出演のメリット

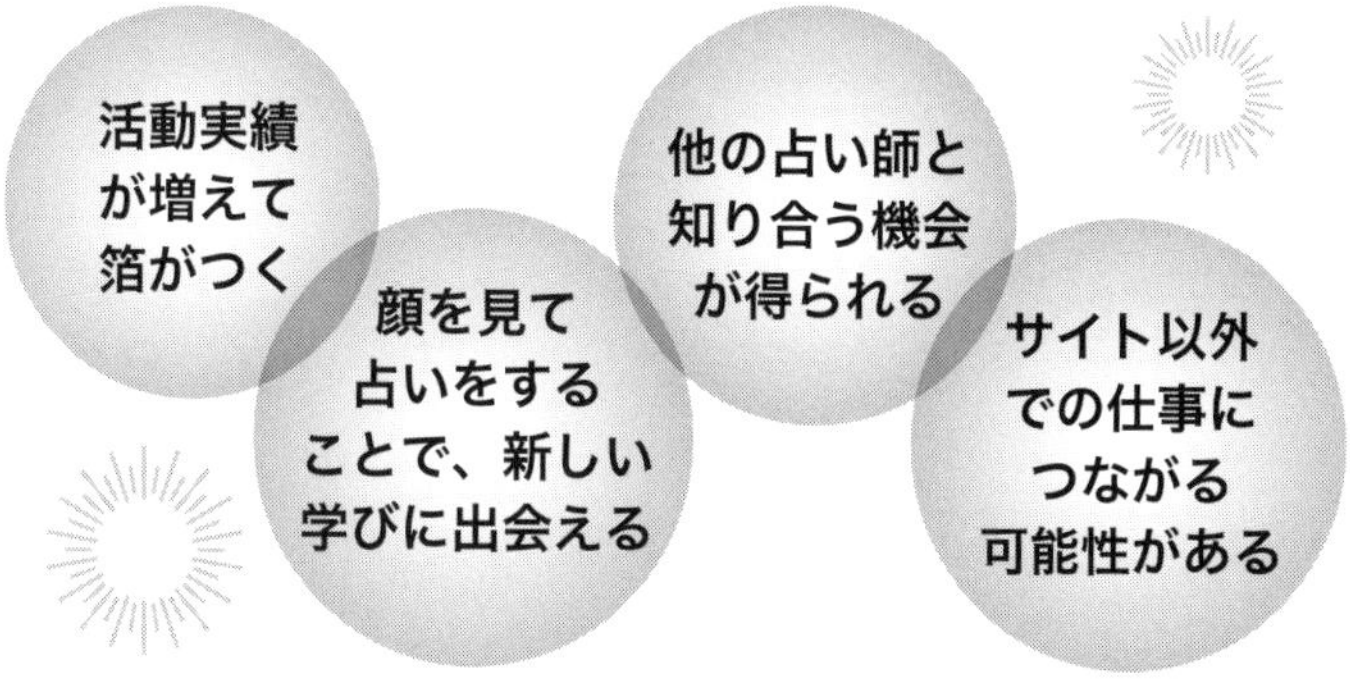
活動実績が増えて箔がつく
顔を見て占いをすることで、新しい学びに出会える
他の占い師と知り合う機会が得られる
サイト以外での仕事につながる可能性がある

✦サイト以外のイベントにも興味を持つ

残念ながら、すべての電話占いサイトが所属占い師をイベントに連れ出してくれるわけではありません。サイトの方針によっては、電話占い師は、電話の中だけにいることで希少性が高まると考えることもあるようです。

そういった場合には、運営に確認をとった上で、別名義でイベントに出演することも考えに入れてみましょう。電話占いでの実績があれば、別名義であってもプロの占い師として出演させてくれるイベントはたくさんあるはずです。電話占い師は仕事が単調になりがちなので、たまには気分転換するのもいいでしょう。

2 コネクションを広げる

引きこもり占い師は心も仕事も不健康？

電話占い師という仕事はうっかりすると家から一歩も出ずに1日が終わってしまいます。電話口で1日中人と話す仕事ではありますが、それ以外の人と関わる機会は極端に少ない仕事といえます。煩わしい職場の人間関係がないという点では、非常によいことです。しかし、ご家族がいる場合はまだいいのですが、ひとり暮らしで電話だけをし続けるという生活スタイルなら、外部との交流を意識して持たなければ、孤独になってしまうおそれがあります。

✦占い師は自分の幸せが看板

占い師という仕事をする上で、自分自身が幸せでいることはとても大切なことです。自分自身が幸せであってこそ、占い師としてちゃんと人を導くことができるという証

ワーカホリックに注意

○ 占い師という仕事が好き・使命感を持って取り組む

× ワーカホリック（仕事中毒）になってしまう

長時間働きすぎると…
- 心身の健康にも影響が出る
- 占いの幅が狭くなり、鑑定が乱れる

長時間の待機は「売れない師」の証拠なので、妥当な範囲で仕事をするようにしましょう。

明になるというものです。

たとえひとりでいることが楽だとしても、ずっとひとりでいると世界が狭くなるおそれがあり、占いにも影響が出てしまうでしょう。楽しく遊ぶことも、占い師にとっては勉強のひとつです。鑑定の幅が広がり、話に躍動感が出ます。最高に楽しい気分で過ごす休暇があってこそ、鑑定にも明るさとエナジーが出るというものです。

何より、せっかく自由に休みを組み立てることができる仕事なのですから、ときにはゆっくり、友達や恋人と旅行に行くなどして充実した人生を過ごすことも大切です。そのためのお金は電話占いで十分に稼ぐことができるはずです。

2 コネクションを広げる

同業のつながりは最高の保険

職場の人間関係がないことは、電話占いという仕事のメリットであると考えていますが、それは一面では、同業の仲間が作りにくいというデメリットでもあります。

実は、占い師として生きていく上では、同業者とつながっていることには非常に重要な意味を持っています。占い師の知り合いがたくさんいることは、業界で生き残っていくための重要な保険です。

現代ではＳＮＳの交流だけでも人間関係の端緒を開くことはできます。できるだけ多くの占い師と交流を持って仲間を作っておきましょう。

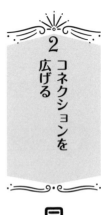

✦仕事を紹介し合うことができる

占い師同士がつながることで、占いの技術や業界についての情報交換ができる以外

占い師の交流会

都市部を中心に、占い師同士の交流会やオフ会が、頻繁に開催されています。
こういった交流会には積極的に参加しましょう。

占い師　交流会

インターネットやＳＮＳで、「占い師　交流会」と検索すると、見つけることができるでしょう。占術の研究会や、先述の日本占いコンテンツ協会のような協会も交流の場を設けています。

に、各種の仕事を紹介し合えることも大きなメリットです。イベントなど、占い業界のちょっとした仕事は、占い師同士で仕事を紹介し合って成立しているようなところがあります。

新人のうちはイベントに出ることが大きなメリットですが、中堅以上になると、自分のお客様を占うことで手一杯になり、そういった仕事を他の人に回す機会も増えてきます。仕事を回す先輩にとっても、受ける後輩にとっても、双方にメリットがある交流といえます。

もちろん筆者も例外ではありませんので、読者の皆様も、ブログやライン公式アカウントを通じてお気軽にご連絡ください。

2 コネクションを広げる

人脈で現金収入！紹介報酬がもらえるかも！

新人のうちは先輩からイベントの仕事を紹介してもらうなどして、信頼関係を深めながら、コミュニティを広げていくことになります。最初のうちは紹介を受ける側として関わっていくことが中心ではありますが、電話占いのサイトに所属しているからには、所属先のサイトに他の占い師を紹介することもできます。

✦占い師の転職は紹介が強い

同業者のつながりが意味をなす最も重要な場面は、所属先を移籍する際に紹介を受けるときであるといえます。

同業者たる占い師からの紹介があることによって、運営側は応募者の基本的な占いの能力や経験を信頼することができるというメリットがあります。これはもちろん、

占い業界は狭い業界

中堅以上の占い師になれば、多くは面識があるか、極めて近いところでつながっています。

所属先を移籍する際には、知り合いから紹介を得ることが、半ば業界の慣例になっています。

デビューの場合も、知り合いから紹介をもらえば、有利になる場合もあります。

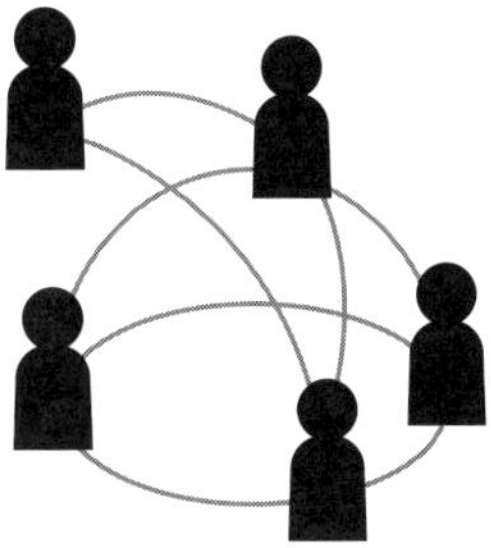

まったくの新人がデビューする場合にも同じことがいえます。
　可能であれば、デビューまでの間に知り合った占い師に紹介を頼むというのも、デビューをスムーズにするための方法です。

✦電話占いでは紹介報酬が出ることもある

　電話占いのサイトからすれば、紹介を受けて応募してくる占い師のほうが相対的にレベルが高いという印象があります。

　そういった事情もあり、会社によっては、知り合いの占い師の紹介に、少なからぬ謝礼を支払うこともあります。これは、紹介するほう、されるほう、どちらにもうれしいシステムです。

3 日常的に続けるべき研究と勉強

占術の勉強は占い師のたしなみ

占い師として活動する限り、占術については常に勉強を続けなければなりません。すでに実占者がいなくなってしまった古い占いを除いて、各種占いは新しい着眼点を持った書籍が刊行されています。そういったものに目を通し、新しい時代の占いを仕入れ続けることは、プロの占い師としてのたしなみです。

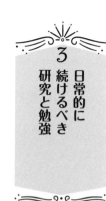

✦時代ごとに少しずつ変わる占いのあり方

占い師が伝える内容や占いの雰囲気は、時代を追うごとに変化しています。

その理由のひとつは、占術には流行《はや》り廃《すた》りがあるということです。そのときどきのブームに合わせて使う占術を変えるまでの必要はないかもしれませんが、そのときに流行している占術をある程度学ぶことは、占い業界の時代の流れをつかむために、か

時代に合わなすぎる占いは需要が少ない

古い占いが必ずしも悪いというわけではありませんが、伝統的な占いの中には、その占術が成立した時代背景ならではの答えを出す占いもあります。

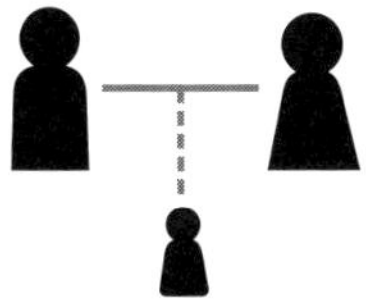

例　今の若者の結婚運を判定する際に、男の子が生まれる相性かどうかを基準にするような占いがあったとしても、一般的な需要はない。

人々の考えることと乖離《かいり》しすぎない答えを出せるように、占術をブラッシュアップする！

なり有効です。入門書をひとつくらいは読んでおいて損はないでしょう。

　占いそのもののサービスの性質も時代によって変化してきています。かつては一方的に運勢を伝えることが中心だった占いも、カウンセリングや心理学のアイディアを取り入れて、対話中心のサービスに変化してきました。占いそのものもニューエイジ哲学やスピリチュアリズムの影響を受けて、少しずつ内容が変わっています。

　これから先も、めまぐるしい変化ではないにしても、占いのサービスの形は進化していくことが想定されます。そういった変化においていかれないようにするためにも、占いを勉強し続けることは必要不可欠です。

✦占いについての新しい知識は鑑定の幅を広げる

時代の先端と自分のギャップを埋めるだけが占いの勉強ではありません。すでに出版から長い時間が経過した名著とされる本も、自分の占いに新しい着眼点を与えてくれる可能性は常にあります。

不思議なもので、自分にとって新しい占い方を身につけると、その直後にその方式で占ったお客様に、その理論がものすごくぴったりはまることがよくあります。もちろん、占いの理論は使い捨てではありませんので、こうした新しい理論の蓄積は、いつどこで再び力を発揮するかわかりません。

新しい占いのロジックを身につけるたびに、占い師としての的中の可能性やわかることの幅が広がっていくという感覚は強い快感です。

占いに慣れてきて、いつも同じことをいっているような気がしてきたら、それは鑑定の幅が狭くなっていることの証拠です。そんなときにはなんでもいいので、自分が普段使っている占術に関する未読の本を読んでみるか、単発の講座に参加してみましょう。そうすると、新しい言葉とともに、占いに対してのやる気がみなぎってくるはずです。

新しい知識を増やすと占いは蓄積する

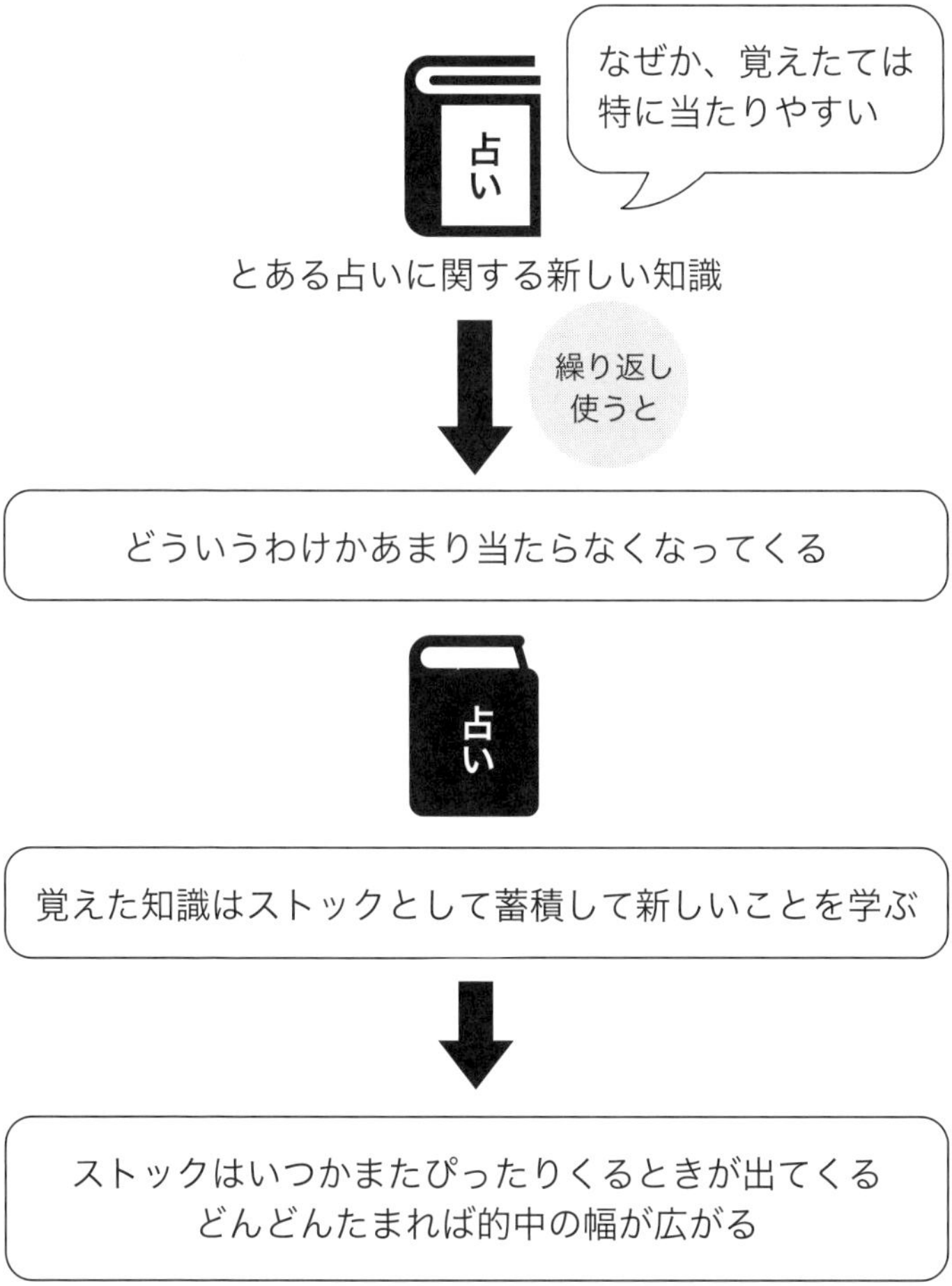
なぜか、覚えたては
特に当たりやすい
占い
とある占いに関する新しい知識
繰り返し
使うと
どういうわけかあまり当たらなくなってくる
占い
覚えた知識はストックとして蓄積して新しいことを学ぶ
ストックはいつかまたぴったりくるときが出てくる
どんどんたまれば的中の幅が広がる

3 日常的に続けるべき研究と勉強

身につけて損はない！いろいろな分野の基礎教養

各種の基礎教養は占いの精度を上昇させるために役立ちます。

占いは基本的に、占いそのものの持っている答えによって物事を判断する技術であって、本質的には常識に左右されて答えを導くものではありません。しかしながら実際には、占いに出ている答えを現実的な物事のどれに当てはめるべきかを解釈するときに、さまざまな基礎教養がその的中を支えてくれる場合があります。

✦職業と資格に関する知識は必須

職業に関する知識は特に抑えておきたい基礎教養です。

仕事に関する相談は、電話占いの相談として頻出のテーマです。転職の相談の場合に顕著ですが、占い師が職業と資格に関する基礎知識を持っているかどうかによって、

占い師の知識で鋭さが増す占いの例

「手作り品を販売するサイトに集客がない」

▶「SEO」という概念を知っていれば、そのアドバイスができます。また、手作り品の有名なオンラインマーケットを知っていれば、そこに出品するべきかを占うこともできます。

「一緒に暮らすホストの彼から愛情を感じない」

▶「宿カノ」と呼ばれる、ホストが売れるまでの仮住まいを提供するだけの関係のおそれがあります。

占いの答えに影響が出ることがあります。

天職を占う場合、占い師が知らない仕事を答えとして出すことはできません。また、ある職業に就くにあたって、どのような能力が必要なのかを知らなければ、占いが示している能力と実際の職業を結びつける際にも間違いが生じてしまいます。

特定の職業に就くためには、資格が必要な場合もあります。その資格の取得のためには、在宅で勉強するだけでよいのか、あるいは学校に通わなければならないのかといった知識も、占いに影響する場合があるでしょう。

世の中には無数の仕事があり、新しい職種も生まれ続けています。そのすべてを把握することは無理ですが、ひとつでも多くの職業について知っておくことは、占いの幅を広げて精度を高めることにつながります。

✦お客様との話でわからないことがあったら調べる

占い師の本分は、あくまでも占いの答えを伝えることです。知識がその補佐となることはあるにせよ、網羅的な基礎教養を完全に身につけてから占い師にデビューしなければならないということではありません。

実際には、お客様を占う中で、相談内容に関連する知識を増やしていくことが最も合理的といえるかもしれません。相談内容によくわからない専門知識が絡んでいた場合には、必要に応じてその場でお客様に教えを請うのもよいでしょう。

こうした相談を受けたときには、占いが終わってから、なるべく早いうちにもっと詳しく自分で調べる習慣を持つことが大切です。関連情報を仕入れるうちに、占いの内容に関する反省点を見つけることができれば、それは占いの技術が大きく向上する足がかりになります。また、そのお客様がリピートしてくれた際に、相談内容に関する勉強をしていたという事実は信頼の元になります。

電話占いで役立つ資格取得条件の簡易表

	必須条件（学歴など）	社会人の取得難度
看護師	大４年＊か専３年	すごく大変だが可能
准看護師	専２年	夜学もあり可能
歯科衛生士	大４年＊か専３年	夜学もあるが大変
登録販売者	なし	勉強さえすれば可能
調理師	専２年か実２年	十分に可能
美容師	専２年か夜学３年	大変だが可能
宅建士	なし	他業種からでも可能
公認会計士	準学士以上＊	学歴がなければ難しい
栄養士	専２年	実習が多く難しい
介護福祉士	実５年他	現場でがんばれば可能

大・・・大学　専・・・対応する専門の学校
実・・・実務経験

＊別途規定あり

3 日常的に続けるべき研究と勉強

鑑定分数は話題の豊富さで伸びる

占いをする上で「物知り」であることはとても大切なことです。

人に何かを伝えることを仕事にするからには、幅広い興味を持ってアンテナを広げておくべきです。いつどのような相談を受けるかわからない占い師の活動を続けていれば、どんな知識でも役立つときが来ます。博識であることは、読書などの純粋な努力の積み重ねだけで得ることができる強力な武器です。当然ながら世の中のすべてに知の網を張り巡らすことはできませんが、幅広い教養を身につけましょう。

✦雑誌をたくさん読む

ウェブサイトから情報を収集することが今の時代の中心ですが、占い師としての情報収集には、あえて雑誌を読むことをおすすめします。

SNSを読むのも重要な情報収集

マリ @xxx 12月20日
元カレの夢みた……

自分の顧客層と、年齢や状況が近い人のSNSをフォローして、その人の日々の関心事や愚痴などに目を通す

▼

自分とは違うライフスタイルの人が、どのようなことを考えているのかを知る手がかりとなる
(本音の愚痴をこぼしているアカウントは重宝します)

ウェブで情報収集をする場合は、どうしても自分の興味のある分野の情報に目がいきがちで、幅広い情報を得るという目的が達成しにくい場合があるからです。また、情報の質も玉石混淆で、中にはキャッチーなタイトルで目を引くだけのものもあり、時間を浪費する元になってしまいます。

対して雑誌の場合は、雑誌ごとに読者層とテーマがまとまっているので、あるターゲットの興味を引く情報をまとめて得ることができます。情報の質も比較的安定しています。また、相談内容に絡む情報を占いの話題とするときに、「ネットで見た話」として伝えるのと「雑誌で読んだ話」を伝えるのでは信頼度も違います。

めざせスター占い師！
4 その先に見据えたいこと

電話占いだけで年収2000万も夢ではない

本書の1章では、デビュー月に10万円を稼いで副業から電話占いをスタートするという方向性で、待機時間を試算しました。これは、しっかりと勉強をした上で、普通の常識を持つ人がデビューした場合に、無理なく達成できる初期の目標として提案した数字です。本書の執筆に際して何人かの電話占い師にインタビューを行なったところ、この数字は安全に達成できるラインか、あるいは控えめな数字であるという共通認識を得ています。

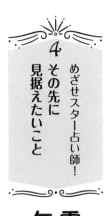

✦普通の主婦が1000万！　専業を極めて2000万

初期の段階で十分に力を発揮することができるなら、その後の売上はどんどん上昇していくことが期待できます。運営との交渉にもよりますが、分給も70円くらいまで

人気に火がつけば、加速する収入

人気の占い師になって、お客様が倍になった場合、単純に収入が倍増するわけではありません。人気が倍になって待ち時間が増えれば、お客様の期待は高まって、ひとりあたりの鑑定時間は長くなり、1分単位の報酬も高くなります。

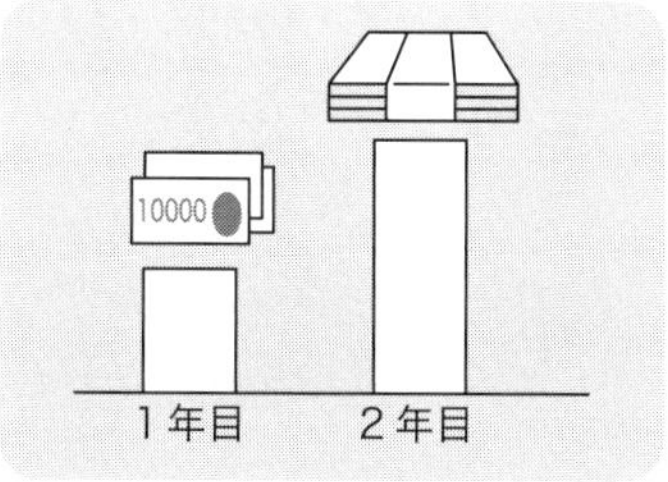

電話占いの世界では、1年で年収が急増することも珍しくない。

は普通に上昇しますし、その後の活動年数と交渉次第ではさらに上の分給をめざすこともできます。

主婦業を続けながら、夜間などの待機を中心に一生懸命がんばって、1000万円の年収を稼ぎ出す占い師も多数存在します。

一部のトップスターともなれば、電話占い一筋に全力を尽くして年収2000万円を稼ぎ出している人もいるそうです。

もちろん、それだけの収入を獲得するためには、相当な努力と仕事量が必要になります。必ずしもその年収をめざす必要はありませんが、それだけの可能性が電話占いの世界にはあるのです。無理のない範囲で目標を定めてがんばりましょう。

めざせスター占い師！

4 その先に見据えたいこと

占いの講師はおいしい仕事？

占いを学習する方法として、占い講座に参加して学ぶことが有力であると2章でお伝えしました。自分が占いの技術をマスターしたなら、今度は講師になってそれを収入源のひとつにすることもできます。

有名な占いスクールの講師陣は、素晴らしい知識と説明力を持っています。電話占いでデビューしてすぐに、そのような講師陣と同じ土俵で勝負しようとするのはとても難しいことかもしれません。

しかし、占いを学ぶにあたっては、現場でのリアルな占い経験を持っている占い師の指導を受けたいという需要も少なからず存在します。有名な講師はすでに実占の場を離れている場合も多く、そういった点で差別化を図ることは十分に可能です。

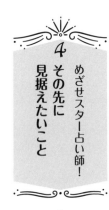

占いを教えている占い師という迫力

占いを教えている

▼

占いに詳しい

▼

すごい先生かもしれない！

✦人脈と実績が増えるよい仕事

占いの講座を開くことの最大のメリットは、実績としてそれを活かすことができるという点です。

将来的に電話占いの世界から一歩飛び出して何かをするときに、電話占いで何万人鑑定したという実績はもちろん役に立ちますが、それだけではプロフィールが1行で終わってしまい、実績の幅が狭くなってしまうというデメリットがあります。

他方で、占いの講師をやったという実績は、お客様にも同業者にも訴求力の高いものであるといえます。

講座を通じて優秀な占い師を指導することができた場合、自分の所属サイトにその占い師を紹介することで、紹介報酬を手にすることもできます。これも副収入として小さなものではありません。金銭的なメリットだけではなく、占い師を紹介することは、運営側との信頼関係の構築にも役立ちます。業界内で顔が利く、力のある占い師と思われることは、決して損にはなりません。

占いを教えることは、自分の占いの持っている魅力や特徴を客観的につかむきっかけにもなります。同僚と顔を合わせない電話占い師にとって、自分の占いが同業者からどのように見えるかをつかむ機会は貴重です。

講座を開くことが大きな仕事の足がかりになることもあります。手前味噌ですが、筆者の場合は「電話占い師として生き残るための講座」を行なったことが、本書執筆のきっかけのひとつとなりました。

✦最初はマンツーマンのレッスンから

複数人を集める自信がなければ、最初はマンツーマンの講座を行なってもいいでしょう。ブログやSNSを通じて受講希望者を募ると、意外と興味を持ってくれる人は多いはずです。まずは一対一の指導を通じて、占いを教えるという感覚を身につけな

講座の場所は、貸し会議室などを利用

がら、カリキュラムの土台を作りましょう。

料金は、少なくとも1時間につき1万円くらいとっていいと思いますが、自分のやりたいことの方向性や自信の強弱に合わせて加減してもいいでしょう。もちろん、相手が納得するならもっと高額な報酬を得ることもできます。

生徒さんを多数集めることができるようになれば、1日の講座でもかなりの金額を稼ぐことができるようになります。

私の知り合いには100万円近い参加費の占い合宿を開講している人もいます。かなり強気な値段設定ですが、優れた指導内容で人気の講座です。ここまで来れば、それこそ一大ビジネスといえましょう。

めざせスター占い師！

4 その先に見据えたいこと

占い理論や恋愛心理を極めてメディアへ進出

占い師として見聞きすることや、占いの仕事を通じて日々考えることは、他の仕事では得がたい特殊なものです。占いや運命についての哲学的な思想も、恋愛について考えることも、占い師という特殊な目線を出発点にした着想には、それだけでちょっとした付加価値がつきます。

「モテる服とモテない服」とか「元気が出る言葉」というトピックは極めて普通ですが、「現役占い師が開運指導！『モテる服とモテない服』」や「人気占い師が使う『元気が出る言葉』」となれば、人の興味を引きつける度合いが高くなります。

✦文筆は占い師と相性のよい副業

文章を書く仕事は、電話占いととても相性がよい仕事です。仕事の合間の休憩時間

文章力と占い力は同じ

占いをわかりやすく伝える工夫	≒	文章をわかりやすく書く工夫

どちらも、頭の中にあるイメージを、言葉で伝える作業

説明の仕方や表現の工夫を常に考えていれば、
占い師を続けるうちに自然と文筆力も向上します。

や、お客様の切れ間にちょこちょこと文章を書くことで、それがメディア進出のチャンスにつながることもあるでしょう。私の場合はマニアックな占いのブログが雑誌取材の決め手になりました。

占い師を実直に続けていると、テレビやラジオ、雑誌などといったメディアからの取材を受けるチャンスはやってきます。

自分のキャラクターに合ったおしゃべりの力は日頃の電話占いの仕事で十分に磨くことができるので、テレビやラジオはいつ来ても大丈夫です。後は、文章で自分の哲学や持論を表現して楽しませる力を身につけると、メディアで幅広く活躍する未来も夢ではありません。

現実にあった例ではありませんが、私の経験をもとに、リアルな占例を作りました。電話占いにおける技術や考え方を具体的にお伝えします。

占例1 基本の恋愛相談

占例集のひとつ目として、電話占いの最もオーソドックスな相談である、恋愛に関する悩みを取り上げます。

相談者との間の信頼関係を作り上げるまでの最初の数分のやり取りが、電話占いの天王山です。恋愛の全体像を理解し、質問内容と問題点を正確に把握するまでの、実践的な電話占いの流れをつかんでいただきたいと思います。

占：お電話ありがとうございます。占い師の五十六謀星もっちぃでございます。

客：よろしくお願いします。アイコと申します。

占：よろしくお願いします。今日はどういったことについてお伺いいたしましょう。

客：今日は、**私の恋愛について教えていただきたい**と思います。気になる人がいるのですが、その人の気持ちが知りたくてお電話しました。4ヶ月くらい前にアプリで知り合って、ときどき食事に行っているのですが、**彼がはっきりしてくれない**ことに悩んでいます。彼は5歳年上で、ちょっとした遠距離で、車で1時間くらいの距離です。今の彼の私に対しての気持ちを教えてください。

占：なるほど、お相手がはっきりしてくれないのはずいぶんと心配なことですね。では、彼がなぜはっきり

［解説］

相談者は23歳の女性。声質は柔らかく、どことなく幼い雰囲気がある

恋愛の相談は電話占いの基本形です。相談者のお話から、どのような恋愛状況なのかを理解することが大切です。片思いなのか、つき合っているのか、復縁なのか、微妙な関係なのか、それを理解することが最初の課題です。

彼がはっきりしてくれないという相談は頻出です。求婚してくれないだけでなく、すでに男女の仲なのに

してくれないのかということを中心に、今の彼のお気持ちを探っていきたいと思います。

客：はい。お願いします。

占：後で生年月日を伺って、全体的な相性やお互いの恋愛に対しての考え方を見ていきたいと思うのですが、**まずは話の大筋をつかむためにタロット占いで彼の気持ちを見てみたいと思います。**

（タロット占いをする）

今、カードを引いてみたところ、彼からの気持ちは明らかに恋愛感情ではあるようですし、これからもいい関係を続けていきたいと思う誠実さは感じ取れます。でも今の彼は、相当に忙しい様子ですね。少し疲れていらっしゃるように思います。

客：たしかに彼は最近忙しいといっていました。メールを送ってもすぐに返信をくれないので、「**何か他に**

つき合っているといってくれない場合も結構あります。こういった場合は、彼に「誠実さ」があるかどうかが重要な焦点です。

タロット占いを通じて、相手の気持ちの大筋を占います。もう少し話を聞いてもいいのですが、彼に誠実さがあるかどうかと、ある程度の状況を早い段階で占って、これを話の切り口にします。

考えていることがあるならいって」と伝えたのですが、それに対してはなんの返事もありませんでした。

占：あらあら、**他にも遊んでいる女性がいると思ってしまったということですか？**

客：そうです。彼の反応が冷たかったので。

占：私の占いでは、今のところ彼の気持ちの中にほかの女性の影は感じ取れません。どうやら本当に忙しいことが原因だったようです。

客：そうだったんですね。**マッチングアプリで出会ったので**、心配してしまいました。次はいつ会えるのかもなかなか決まらずに、曖昧な関係でい続けてもいいのかなと思って心配していました。

占：心配なお気持ちはごもっともです。**彼のお人柄についてもう少し理解して、相性や全体像を見たいのでお2人の生年月日をお伺いしてもいいですか？**

「何か他に考えていること」の内容など、相談者の間接話法は意味が曖昧なことがありますので明瞭化します。

占いの結果の大枠を話して相手の反応を見ることが、当たりをつけることです。

今はマッチングアプリは珍しくありませんので、これだけで判断してはいけません。

今回はある程度話が見えてきたところで生年月日を聞きました。命術が得意なら、もっと早い段階で聞い

客：はい。○△年☆月□日と○◇年△月×日です。

占：なるほど。彼のホロスコープを拝見するところでは、たしかに少し自由人であるようですが、しかし根本的には真面目で、複数の女性を手玉にとるようなプレイボーイとは感じません。

客：それを聞いて少し安心しました。彼はたしかにお仕事も堅実そうな感じで、真面目な人だと思います。

占：アイコさん自身は、少し心配性すぎるところがあるとも出ています。もしかすると、自由人な彼からすれば、おつき合いをすることで縛られるかもしれないという心配をしているのかもしれません。

客：あっ、それ、かなり当たっています。元彼にもいわれたことがあって、結構重い女だって。でも、私は浮気をする気がないなら束縛を嫌がる理由がわからなくて、それで元彼とはケンカになりました。

てもよいでしょう。

命術の答えで、最初のト術を補足することができる場合にはそれを伝えましょう。

相談者に対する命術で、占いが立体的になってきました。この辺から最終的な鑑定結果の方向性を考えていきます。

占：元彼のことは別として、今の彼の縛られることへの恐れは、異性関係のことではないでしょう。今は自由に仕事に打ち込みたいようなので、恋愛が仕事の足かせになってしまうことを恐れて、**好きな気持ちはあるのにはっきりしない態度を取っているのです。**

客：私としては、彼が仕事をする分にはどんどん集中してもらいたいと思っているのですが、たしかに**これまでのやり取りの中では、定期的に連絡してほしいということしか伝えていなかったかもしれません。**

占：そのあたりを正しく共有して話し合いをすることで、ちゃんとしたおつき合いのきっかけ作りをすることができるのではないかと思います。

（以下、彼とのコミュニケーションでの注意点や、相手の気持ちや相性の詳細を話す等）

今回の例では本題を急ぎましたが、ここで元彼の話に派生するのもいい展開です。

結果をスパッと伝えます。

相談者の行動の中に改善すべき点が発見されました。これをヒントにして解決策を作っていくのがここから先のトークの中心になります。

このように、電話の最初の段階で問題点を明瞭にすることで、まとまりがよく印象に残る占いになります。

占例2

不倫や復縁の相談

不倫や復縁に関する相談も、電話占いではしばしば受ける質問です。基本的には普通の恋愛相談と同じように、お互いの気持ちや相性を確認するのですが、不倫や復縁には独特のチェックポイントもあります。

不倫の場合には、どちらが既婚者なのか、そもそも結婚をめざしている関係なのか、そして、子供や経済状況などの離婚に向けた障壁をチェックします。

復縁相談においては、現状連絡を取れているのか、どちらからどうして別れたのか、相手に新しい恋人はいないのかという点を重要視して鑑定します。

占：お電話ありがとうございます。占い師の五十六謀星もっちぃでございます。

客：こんばんは。ヨリコと申します。

占：こんばんは。よろしくお願いします。今日はどういったことについてお伺いいたしましょう。

客：半年前に、1年くらいつき合っていた彼氏と別れてしまいましたが、その彼の気持ちが知りたいです。**別れる前に私だけ先に離婚して**、それから連絡が少なくなってしまった感じです。私としては、彼と結婚するつもりだったのですが、離婚は彼のせいではありませんでした。彼は今何を考えているのか教えてください。

占：なるほど、これはかなり複雑なご相談ですね。**状況を的確につかんで、間違いのない占いをしたいので、確認させてください。**お2人は元々、お互いに既婚

［解説］

相談者は37歳の女性。声質は艶やかで軽い印象。

頭がこんがらがりそうな話ですが、これくらい込み入った話はよくあります。「先に」ということから、ダブル不倫だったことがわかります。

複雑な話であれば、念のため相談内容の前提を整理しておくほうがよいでしょう。聞き違いや相談者の説

者で、結婚を意識しておつき合いをしていたという認識でよろしいでしょうか？

客：そうです。少なくとも私はそのつもりでした。私は旦那との仲が悪かったので、彼のこととは関係なく離婚するつもりではいました。彼にその話をしたら、**彼も離婚するっていっていたので、その先もあるものだと期待していました。**

占：理解いたしました。ではタロット占いで、元彼に復縁したい気持ちがあるかどうか、そして今のお相手の状況を見てみたいと思います。

客：お願いします。

（タロット占いをする）

占：タロット占いによると、**別れた彼は**どうやらかなりつらく苦しい心境になっている様子で、**復縁を望んでいる雰囲気ではありません。**この彼には、関係を

明の間違いがあってはいけません。

本来、既婚者同士の恋愛で双方が離婚することと、2人が結婚することはイコールではないのですが、そういう空気になりやすいものです。先入観を持たないように気をつけて占いましょう。

この段階で4人が登場し、かなり複雑ですので、主語述語を特に意識して明瞭に伝えましょう。

続けていくことができない事情がありそうです。彼と奥様との関係に問題が発生しているのではないかと思いますが、何かお心当たりはありませんか？

客：**奥さんとの関係はすでに破綻していました。**そもそも、つき合ってすぐに関係がバレてます。それから彼はずっと離婚するといってくれていたのですが、なかなか奥さんが別れてくれないみたいで、彼にそのことを問い詰めるとケンカになるので、なるべく触れないようにしていました。今回私が離婚したことで、この話に触れる長文メールを送ったら、そこから連絡が返ってこなくなりました。

占：それはそれは、ずいぶんと大変でしたね。私の占いでは、**彼は奥様との関係を終わらせることについて、少なくとも非常に困難だと感じているようです。**本当に離婚することを望んでいるのかどうか、率直に

この発言から考えられるのは、大きく3通りです。
・本当に離婚直前である
・離婚する気はなく、不倫を終わらせたい
・離婚する気はないが、割り切った関係として続けたい

もっとはっきり伝えてもいいのですが、離婚の話に触れると彼の態度が変わることを強調して説明しているところからも、かなり心

いって微妙なラインだと思います。何か、彼が離婚の難しさについて口にされていたと思うのですが、お心当たりはありませんか？

客：子供のことだと思います。彼はかなり子供をかわいがっていました。あと2年で子供が高校生になるので、それからならもっと積極的に行動できるといってくれたことがあります。

占：そうでしたか。今、お話をお伺いしながら追加でタロット占いをしてみたのですが、たしかに彼はお子様との関わりについて、心配する気持ちが大きいようです。しかし、このことだけが単独で離婚の難しさになっているというわけではないようですね。彼自身のお仕事など、外部からの影響もあるようです。

客：彼は自営業なので、もしかしたらその影響もあるのかもしれません。どうでしょう、彼との結婚は難し

配しているようなので丸く伝えます。

子供の進学に合わせて離婚するという話はよくありますが、なんとなくの区切りにしているにすぎない場合がほとんどです。その年限には本当に意味があるのかも意識して占いましょう。

家族の力が必要な自営業はもちろん、官僚や銀行家など、堅い仕事でも離婚が影響することがあります。

そうでしょうか。

占：これまで見てきた占いをまとめますと、**好きだという気持ちはありますが、離婚することが難しいので、関係を続けられないと考えているようです。**

客：やっぱりそうですか。これは諦めたほうがいい関係なのでしょうか。**正直、彼だけが幸せでいることについては、納得がいきません。**

占：率直に申し上げて、彼とは別れたほうがいいでしょう。しかし、ヨリコさんの離婚を機に連絡がなくなってしまったことについては、彼からの誠意です。**中途半端な関係で振り回さないように彼から身を引いたのです。**彼も気持ち的には離婚したいので、これは彼にとっても苦渋の決断で、幸せとはいえません。

客：たしかに、振り回され続けるのは嫌ですので、これでよかったのかもしれません。少し元気が出ました。

厳しい結果が確定しましたが、誠意を持って伝えます。

相手だけが悠々と過ごすのはどうしても納得いかないものです。この感情は理解して差し上げましょう。

最後に、彼のよい部分を伝え、少しでも納得して元気になってもらうように工夫して鑑定を終了します。どんな結果でも、なるべく明るい話題で終わらせたいものです。

占例3　相談内容を説明してくれないお客様

中には相談内容を十分説明してくださらないお客様もいらっしゃいます。相談内容を占いで当てることまで求めてくる方もいないことはありませんが、大抵の場合は、どこまで話してよいのかがわからなくて、漠然とした質問をしているだけのようです。

そういったお客様に対しては、こちらからはっきりと相談内容を聞いてもいいのですが、占いの結果を交えながら、上手に相談内容を引き出す会話ができると、よく当たる占い師としての信頼をつかむことができます。そういった会話の運び方の例を紹介しましょう。

占：お電話ありがとうございます。占い師の五十六謀星もっちぃでございます。

客：よろしくお願いします。シズカと申します。

占：よろしくお願いします。今日はどういったことについてお伺いいいたしましょう。

客：今日は、**私の恋愛運について見てください**。

占：ありがとうございます。

客：……。

占：恋愛運とおっしゃいますと、どのような着眼点で拝見するのがよろしいでしょうか。**相談内容のテーマによって、占星術やタロットなどの占いを使い分けて鑑定していきたい**と思います。

客：相手の気持ちを教えてください。

占：承知いたしました。では、おつき合いしているお相手のお気持ちを拝見していきたいと思います。**念の**

［解説］

相談者は24歳の女性。消え入りそうな声質。

あまりにシンプルな質問の場合は、一拍待って、相談内容の続きを話すかどうかを観察します。今回は特に何もないので、諦めてこちらから聞きます。占術の使い分けの話は便利で正当性があります。

早めに生年月日を聞きつつ、相手との関係性をさぐり

ため生年月日をお伺いしてもよろしいですか？

客：はい。□△年☆月○日と□◇年☆月◎日です。

占：あら、お2人はお誕生日が近いのですね。もうすぐ☆月ですから、2人で楽しい時間を過ごすことができるといいですね。今回は、☆月の2人の誕生日を前にして、彼がどのような気持ちでいてくれているか、あるいは2人の関係性や相性がどうかということを見ていきたいと思いますが、よろしいですか？

客：それでお願いします。

（タロット占いをする）

占：占いの結果、彼の気持ちに少しだけ不安な影があるようです。好きだと思う気持ちは今もあるようですが、明らかに以前と比べて態度が冷たくなっていると感じませんでしょうか。他の女性がいるというわけではなさそうですし、お2人の関係そのものの問

げなく予測して反応を見ます。

少しだけ余計な話を交えつつ、占的を絞っていきます。普通は、こちらがたくさん話すと、向こうも話さなければならない気分になりますが、シズカさんは強敵です。

ここはストレートに占いの答えをぶつけてみましょう。勇気がいりますが、当たり外れは占い師の常です。外れたら謝ればすむことです。それを許せないお客様は占いを受ける資格があり

題が発生しているといえます。彼がこの関係に少し疲れを感じているのではないでしょうか。彼の生年月日を見ると、彼はかなりの気分屋で気まぐれなところもあるようです。今はしばらく、そっとしておくべき時期なのかもしれません。

客：そうだったのですね。たしかに最近の彼は冷たいです。**でも他に女性がいるわけではないのですね。**

占：そうですね。他の女性の影はありません。彼の気まぐれを認めてあげるべき時期ということです。

客：先生は最初から全部お見通しだったのかもしれませんが、**☆月に2人で旅行に行こうという約束をしていた**のを急にキャンセルされてしまったのです。これはどういう意味かと悩んで……。

（以下、信頼が作れたので、後は心を開いて話してくれます。この先は普通に占いを続けて完了です）

ません。外れを恐れて積極的になれなければ占いはつまらないものに成り下がります。

長めに説明した占いの中から、相談者が気になる部分を拾って話が広がってきました。ここまで来れば大丈夫です。しかも、最初に触れた誕生月の話が生きて、それも占いの一部と思われる展開になっています。普通に相談内容を聞き取っていては、この信頼関係は生まれなかったでしょう。

占例4 転職の相談

仕事に関する相談は、恋愛の相談に次いで頻出するテーマであるといえましょう。

ここでは、その中でも比較的多く、知識やテクニックが活かされやすい転職の相談を取り上げました。

転職については、それが確定していることなのかといったことや、どのような種類の転職であるかを理解することが大切です。ハローワークの聞き取り調査のようにならないように注意しながら、占いを活用して情報を整理するスタートが大切です。

占：お電話ありがとうございます。占い師の五十六謀星もっちぃでございます。

客：よろしくお願いします。レイコと申します。

占：よろしくお願いいたします。今日はどういったことについてお伺いいたしましょう。

客：今日は**転職のことについて見ていただきたい**のですが、大丈夫でしょうか。

占：承知いたしました。転職活動をするタイミングとして今が適しているかどうかや、結果としてどのような環境で働くことになるか、そして**念のため現職の状態も拝見したいと思います。**

客：お願いします。ただ、現職は来月いっぱいでやめることが決定していますので、それまでに新しい仕事が決まるかどうかを見ていただきたいと思います。

占：承知いたしました。では順番にお話を理解しながら

【解説】

相談者は32歳の女性。声の調子は力強く、陽気な印象。

今回のテーマは転職の相談です。仕事の相談は、内容に幅があるので、どういった相談かを慎重に確認します。

この例では、転職をすることが確定なのかどうかを探るために、現職の状態を確認する打診をしています。率直に聞いてもいいのですが、このほうがよりスマートです。

占っていきたいと思います。現在、転職の運気はなかなかいい様子です。このタイミングで転職活動をなさるなら、うまくいく兆しは十分にあるといえます。転職の方向性についてですが、**現職のキャリアを活かした仕事を考えていきたいところですよね。何か方向性は定めていらっしゃいますか？**

客：現在の仕事は、歯科助手なのですが、このままでいいのかどうかが不安なのです。できれば違うことに挑戦したいと思っているのですが。

占：なるほど。それでは、**生年月日をお伺いして、向いている仕事の方向性などを見ていきたいと思います。**生年月日をお伺いしてもよろしいですか？

客：はい。○△年☆月□日です。

占：ありがとうございます。西洋占星術で拝見しましたところ、どうやらレイコさんはパワフルで力強い方

30代の転職ですので、現職の経験を活かした仕事を探すのがセオリーですが、占いのお客様がそう考えるかどうかは別の問題です。

もしも、ここでいきなり現職ややりたいと思っている仕事をいい当てる占いができれば最高ですが、大技ですので無理はしないでください。

転職の相談では、命術で全体像をつかんでから、具体的な話に移っていくのがよい形といえます。

相談者の個性を読み取りながら、向いている仕事の

ですから、人から頼られることも多いと思いますが、実はその反面、意外と慎重な方でいらっしゃるようですね。**勉強熱心でいろいろなことによく気づくご性格ですので、人のサポートをする仕事に向いていると思います。**そういう意味では、**今の歯科助手の仕事も向いている仕事だと思います。**

客：たしかに、自分が主体となって仕事をするのはあまり得意ではないかもしれません。でも、できれば単純な接客のお仕事とか、もう少し気を遣わなくてすむお仕事をしたいと思っています。

占：そうですか。**たしかにレイコさんには、周囲の人に気を遣いすぎてしまう傾向があるかもしれませんね。**ただし、接客のお仕事も十分に気を遣うお仕事だと思います。**今の歯科医院では、職場内のメンバーに対しての気遣いが大変だという意味ですか？**

方向性を示していきます。現職にも向いている要素がある場合は、少し強めに押しておくとよいでしょう。

なお、歯科衛生士は学校で3年学ぶ必要がありますので気楽に勧められません。

相談者の困っていることに共感を示すことが大切です。

ここでは、具体的に面倒くさそうな人の人物像を占いで当てることができればさらによいでしょう。それ

客：そうなんです。ドクターは比較的優しいのですが、衛生士さんや他の歯科助手の方との関わりが結構大変で悩んでいます。

占：それはたしかに大変なものかもしれません。レイコさんの場合は、**年上の人や偉い人から好かれる力も非常に強いですから、そういった力を活かすことができる仕事に就くのもいいかもしれませんね。**

客：**実は、前の会社の先輩がオーナーをやっているゴルフの練習場で、受付と事務をやってくれないかと声をかけられています。**前に遊びに行ったときに、その常連のお客様たちとすごく仲よくなって、雰囲気が合っているのかなと思っていました。すぐにでも来てほしいといわれていますが、どうでしょう？

占：**それはとても向いている仕事だと思います。**挑戦してみることを強くおすすめしたいと思います。何と

は意外と難しくない占いなので、積極的に当てたいところです。

命術に示された長所をほめつつ、向いている仕事のジャンルを広げて示唆しています。

相談者は最初からこの仕事が向いているかを相談したかったのかもしれません。

占いの答えが良好であったなら、この仕事がいかに

言っても、**その職場では、レイコさんの持っているさまざまな力が発揮されやすいと思います。**先輩のよきサポーター役として力を発揮することもできますし、年長者から好かれやすいキャラクターも活かすことができます。**先輩との関係もすごく良好で相性がよいようですし、**勉強熱心な方ですから、ゴルフについてもすぐに詳しくなるでしょう。

客：ありがとうございます。たしかに、練習場に行ったときから興味を持っていたので、向いていると伺って安心しました。さっそく連絡してみたいと思います。何か注意点などがあれば教えてください。

（以下注意点や質問がつきるまで会話を続け、この結論をなるべく崩さないようにしてクロージング）

向いているか、これまでの占いに出てきた結果を持ち出して説明するとよいでしょう。

占い師としては、おそらく男性であろう先輩との関係性も気になるところですが、そちらに話を転換する際は慎重に判断してください。

ここから先に話題を広げるなら、相談者が知りたがっていることや注意点を指摘しましょう。たとえば、先輩に気を遣いすぎないようにするべきであるとか、勤務形態や給料のことなどを話すとよいです。

著者略歴

五十六謀星もっちぃ（ごじゅうろくぼうせい もっちぃ）

10 代の頃から占い一筋に生きる職業占い師。中華街での手相修行や老舗の占い館の最年少占い師などを経て、現在は別名義で某大手電話占いサイトにて活動中。延べ 5 万人を鑑定した経験を持つ現場主義の実力派。
大手電話占いサイトのスタートアップに際しては、占い師の採用オーディションにおける実技試験官を担当。400 人の占い師による鑑定を体験する。以後、電話占いの入門講座の講師を務めるなど、占い師の育成に力を注ぐ。占い師として、そして試験官として得た経験に、運営サイドとの交流を通じて得た情報を加えた多角的な視点でのアドバイスが高く評価されている。

占い師という仕事に興味を持たれた方、内容についてご質問がある方は、著者の LINE 公式アカウントに、本書を読んだ旨をお知らせの上、遠慮なくご連絡ください。

■ LINE 公式アカウント：@motty56
■公式サイト：https://motty56.com

1日2時間で月10万円
はじめよう 電話占い師

2019 年 11 月 14 日　初版発行

著　者 ―― 五十六謀星もっちぃ

発行者 ―― 中島治久

発行所 ―― 同文舘出版株式会社

東京都千代田区神田神保町 1-41　〒 101-0051
電話　営業 03（3294）1801　編集 03（3294）1802
振替 00100-8-42935
http://www.dobunkan.co.jp/

ISBN978-4-495-54050-0
印刷／製本：三美印刷
Printed in Japan 2019